移动互联网时代新思维

企业如何快速转型与升级

薛 新◎著

人 民 邮 电 出 版 社
北 京

图书在版编目（CIP）数据

移动互联网时代新思维 ：企业如何快速转型与升级 / 薛新著. -- 北京 : 人民邮电出版社，2016.2
ISBN 978-7-115-41162-4

Ⅰ. ①移… Ⅱ. ①薛… Ⅲ. ①企业经济－企业转型－研究②企业升级－研究 Ⅳ. ①F270

中国版本图书馆CIP数据核字(2015)第286828号

内 容 提 要

今天有超过20亿的人通过智能手机实时连接，人类在一夜之间跨入了移动互联网时代。在这个时代，企业的营销、生存、竞争方式都发生了改变。如果企业还沉浸在过去的PC互联网思维中求生存，恐怕很快就会被后起的这股新生力量所摧毁。因此，在一场更大的颠覆到来之际，企业经营管理者必须要换换脑子，掌握移动互联网思维才能求得生存，获得竞争力。

本书首先阐述了手机改变生活、移动改变世界的现实，从碎片时间、O2O模式、产品创意、极致专注、流量红利、粉丝经济、口碑传播、快速迭代、跨界营销、场景革命等方面，详细解读了移动互联网思维的精髓，揭示了传统企业向移动互联网转型的核心与关键，明确了新型商业模式的要素。全书图书并茂，通俗易懂，实操性强，适合广大企业经营管理者，以及关注移动互联网和企业转型升级的读者阅读。

◆ 著　　　　薛　新
责任编辑　郑冬松
责任印制　周昇亮

◆ 人民邮电出版社出版发行　　北京市丰台区成寿寺路 11 号
邮编　100164　　电子邮件　315@ptpress.com.cn
网址　http://www.ptpress.com.cn
北京天宇星印刷厂印刷

◆ 开本：700×1000　1/16
印张：15.75　　　　2016 年 2 月第 1 版
字数：249 千字　　　　2016 年 2 月北京第 1 次印刷

定价：49.80 元

读者服务热线：(010) 81055296　印装质量热线：(010) 81055316
反盗版热线：(010) 81055315
广告经营许可证：京崇工商广字第 0021 号

前言

PREFACE

一部手机闯世界

曾经，很多人以为“一部手机走天下”是个妄想，但随着互联网技术的进步，智能产品的发展，2G、3G、4G 的出现，以及无线网络的覆盖，人们真的将这个妄想变成了现实。

曾经我们以为只能在 PC 端完成的事情，现在一部手机就能完成。只要带着手机，我们就可以不受任何时间、地点限制，完成所有我们想完成的事情。那么，通过手机我们都可以做什么？

手机的娱乐功能：以往我们想听歌、想看电影电视剧、想玩游戏，只能在 PC 端完成，以往的功能型手机很难满足用户对娱乐的需求。但现在的智能手机不同，用户随时可以打开手机听歌、看电视剧、看电影，可以事先下载也可以在线使用，因为现在的手机内存足够用户下载大量歌曲和电影，并且现在 4G 以及无线网络的覆盖面越来越大，很多地方都会为用户提供免费网络，所以在线也很方便。

手机的学习功能：爱学习的用户还在抱着厚厚的图书到处跑吗？那么你肯定不会善于使用手机学习的功能。现在手机中提供的电子书可以减少拿着纸质书的不便，无论在哪儿，想看什么书，拿出手机就行。除了阅读的功能，手机上还有各种关于学习的 App，例如英语流利说可以让你随时随地练习口语；沪江开心词场可以让你随时随地背单词；网易有道词典可以让你不用再翻字典。这些都是手机具有的学习功能。只要有了手机，用户可以不用担心自己工作忙没时间学习，因为在地铁公交上，在午休时都可以通过手机进行学习。

手机的生活功能：这才是决定我们是否能靠一部手机闯世界的关键因素。以前如果我们出门，在不熟悉的地方很容易迷路，一般情况下只能问人。但现在手机上的各种地图、导航软件完全解决了这一问题。开车的人以往要买好几百元甚至好几千元的导航仪，现在也不需要了，而且还可以随时更新路线，包括路上的实时情况，比导航仪还准确。手机还能用于购物、订票、打车，就连转账都可以在手机上实现，为我们提供了不少便利，节约了不少时间。有了手机我们真的可以想做什么就做什么。去旅行不用担心酒店、交通、门票的问题，更无需担心家里的煤气、电费、水费没人交，这些通过手机就可以完成。

手机的赚钱功能：手机也能赚钱？这在 PC 互联网时代是根本不可能的事情，但在移动互联网时代，手机真的成为一个能赚钱的工具。电商们以前只能在 PC 端上完成和买家的交易，为了生意甚至需要时时刻刻守在电脑前，一步都不敢离开。但是自从出现了手机淘宝、微店之后，电商只要拿着手机就可以做生意，无论在哪儿。手机上的各种理财功能也一样，现在我们在手机上炒股、买基金、买股票全都不是问题，简单、快速又准确。

除了以上所述，现在手机能实现的功能还有很多，例如我们去超市可以不用带钱包，通过移动支付就可完成付款，未来也许我们坐公交地铁时也可以不用带公交卡，手机就可以实现。

可以说，手机是移动互联网时代的一个重要标志，手机之所以能为我们提供这么多功能，也是因为移动互联网的出现。在以往，我们也有手机，但是能实现的功能却非常有限，而移动互联网却帮我们实现了“一部手机闯世界”的梦想。

移动互联网相比于 PC 互联网有多强大？本书将全面解答这个问题，看看各行各业在移动互联网思维的影响下，都发生了哪些改变。

目 录

CONTENTS

第2章 碎片时间连接无限用户

第3章 O2O 模式，消除线上与线下的障碍

第6章 没有流量就没有销量

第 7 章 粉丝是最强大的生产力

第8章 口碑效应，让用户告诉用户

第9章 天下武功，唯快不破

第10章 不懂跨界别说你懂移动互联网

第 11 章 场景挑战，寻找用户的疼痛点

第 1 章

手机改变生活，移动改变世界

“手机改变世界”，这句话绝对不是夸张之语。它的出现让我们的生活从功能时代进入了智能时代，与无线网络一起把人们的生活从 PC 端转移到了移动端，企业的发展方向也从 PC 端转移到了移动端。如今，人们可以随时随地用手机查公交、看资料、看视频、买东西，企业也在手机上投入各种各样的营销广告，推出专门针对手机的产品。更夸张的是，人们甚至只需要一部手机就可以创造自己的事业。

1.1 一个全新的“互联网移民”时代来了

从2007年开始，随着互联网发展起来的网民们，慢慢地呈现出一种大“移民”的趋势，为数众多的网民们从原先的PC端“移民”到了移动端。

虽然移动互联网和 PC 互联网同属于互联网，但其中存在着巨大的差异，相比 PC 互联网，移动互联网更具巨大的优势。

首先就是便捷性，“移动”二字就可表明所使用设备的便捷，移动设备主要是手机和平板电脑。手机可以直接放在口袋中随身携带。平板电脑的轻薄也让其减少了旧式笔记本的笨重感，而且平板电脑的大屏幕弥补了手机屏幕小的缺憾，使其在观看视频、操作游戏方面有着手机不可比拟的优势，因此平板电脑在用户中也是大受欢迎。

其次是强大的技术支持。云在线实时数据的交换、无线网络的覆盖等，都大大增强了移动端的实用性。在 PC 时代，许多办公软件都需要强大的配置来做后盾，但现在这些受制于地点的技术问题早已被解决，像谷歌的网络版 Office，不仅可以在线办公，而且输入的数据还可以实时保存，从而使人们脱离对 PC 端的依赖。云服务更是让移动端得到重大发展，任何数据都可以通过云服务进行存储，人们无需再携带优盘或者硬盘等设备，也不怕数据会丢失。

最后，无线网络的发展让移动互联有了真正的意义。以前只能通过电脑上网，哪怕是超薄的笔记本也有着携带性的困难；手机虽然也可以上网，但是 4G 的费用却不少；无线网络让手机免去了费用问题，也让平板电脑有了存在的意义。

1.1.1 我们的手机，我们的无线网络时代

如图1-1所示，就是这么一部小小的手机，我们可以随身携带，到哪都行。坐地铁无聊，掏出手机就可听音乐，看视频，看电子书，学习。手机上下载的App软件可以满足你一切的需要，再也无需在无聊或瞌睡中度过漫长的地铁时光。

如图 1-2 所示，想要找一个安静的地方学习，你只要拿上书本和笔记本，到任何提供免费无线网络的地方就可做到。例如星巴克，你可以通过星巴克的无线网在线看电影、听音乐，通过网络查询学习资料。

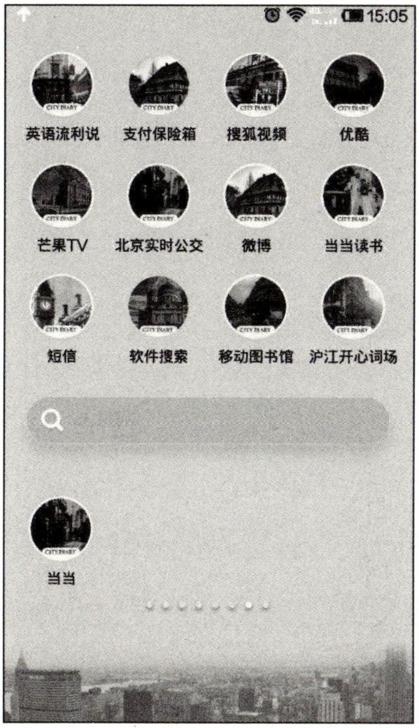

图 1-1 手机上的各种 App

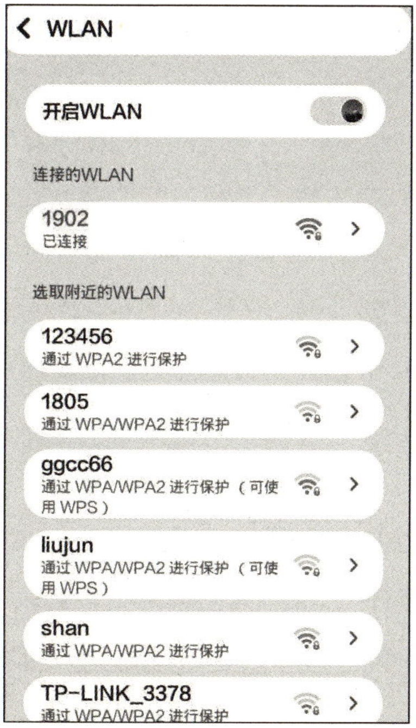

图 1-2 各个地点所设置的无线网络

从这些例子中我们就可以看出，网民们早已脱离了 PC 互联网的局限性，将自己的生活重心转移到了移动端。

移动互联网的优势还有很多，这全是 PC 互联网无法比拟或者超越的，

而且在未来，这种优势还会加大。也正因为如此，移动互联网带来的颠覆性也是巨大的，任何有碍于用户使用体验的产品都会被淘汰。因此，移动互联网不但改变了人们的生活方式，对实体店也造成了巨大的冲击。实体店在移动互联网的影响下，危矣！

按照目前的发展趋势，相信在未来的日子里，绝大多数事情都可以在互联网上进行。各大企业也都在发展自己的互联网业务，发展自己的移动端。例如阿里巴巴和格力也开始自己设计生产手机了。毫无疑问，它们都知道移动互联网的重要性，准备将自己的用户从线下移民到线上。所以，实体店也到了该移民的时候了。

要想冲开互联网的包围，实体店肯定不能先自我灭亡，再从互联网领域东山再起。那么如何在保卫实体店的同时又能确保自己移民行动的成功呢？ O2O 无疑是最好的选择。O2O 线上线下相结合的方式，使实体店保留了自己的优势，又通过互联网完成了移民的任务。

1.1.2 第一步，网店布局

将实体店放到网上，不仅能方便用户查找相关的产品，也能扩展新市场，刺激销售。开网店可以在低成本的条件下迅速增加销售额，并且还能减少线下的库存成本，同时还能提高网络知名度，广告作用十分明显。

苏宁电器可以说是移民成功的优秀案例。在互联网的冲击下，苏宁电器的销售业绩直线下降，在看到了互联网发展的大势之后，苏宁也选择做起了电商。现在苏宁电器的易购 6.18 已是淘宝、京东之下的第三大电商，彻底摆脱了之前被互联网打击得萎靡不振的状态。

1.1.3 第二步，积极采用互联网技术，开发 App

App 对于销售的作用就和会员卡对于消费者的绑定一样，效果十分强大。随着网民从 PC 端向移动端的迁移，开发 App 变成了十分必要的举动。苏宁在加入电商之后，现在也专门开发了自己的 App，将自己的 PC 端用户又进一步地引到移动端。如图 1-3 所示。

图 1-3 苏宁 App

1.1.4 第三步，二维码功能

二维码，可以说是移动互联网最显著的标志，微信的成功很大程度上在于它的微创新，“扫一扫”功能对于前期用户而言有着不少趣味性，同时操作也十分简洁快速，简单扫一扫，就可下载软件，或者关注微信号。运用二维码已经是不可逆转的趋势，所以不管是谁，想经营什么，都应该加入到这一股浪潮之中。

移民是每个时代都会发生的事情，不管是从哪里迁移到哪里，都是为了适应“物竞天择”的自然规律。互联网移民也一样，也是因为某个地方适合自己生存，或者能让自己生存得更好，才往哪个地方“移民”。

1.2 移动互联网成为企业营销的主战场

随着智能手机的普及，信息化步伐已大规模地向移动信息化方向迈进。至今全球有几十亿人把自己的大量时间花在了移动设备和各种应用上。如果说智能手机的普及是为移动信息化奠定了硬件基础，那么 4G 移动互联网的到来则让移动信息化得到了实现。更快的网速、更好的上网体验，都进一步增加了用户上网的时间。

百分通联 CEO 张福连曾表示：随着 4G 的发展，智能手机加速改变了人们的各种生活方式；以前只有 PC 端能做到的，现在手机端不只能做，而且能做得更好。人们能随时通过手机获取即时信息，在手机上购物、订机票，利用手机导航，甚至通过手机办理银行各项业务。移动互联网改变人们生活方式的同时，也改变了企业生存的方式。移动互联网的市场规模非常庞大，越来越多的企业也开始关注移动信息化，将营销的目光从传统渠道转到移动互联网上，而事实也证明，移动互联网已经成为企业营销的主战场。

移动互联网具有及时性、高传播性，而且它不局限于时空位置，在任何一个时间、地点用户都能参加社交，这些特性让移动营销的效果大大增强。

说到移动互联网营销，企业运用最多的就是微信和微博。依靠微信、微博的力量来做营销的企业数不胜数，而且还有很多成功的经典案例。如康师傅，作为一家传统食品公司，也利用微博做起了营销，而且效果非常好。

1.2.1 康师傅：魅力派发每日 C

2013 年，康师傅每日 C 与微博发生了碰撞。从 6 月 6 日到 6 月 30 日，康师傅每日 C 会在国内 17 个一线城市设置新品上市的兑奖地点。用户只要通过手机登录微博，在康师傅每日 C 的设置点进行点击签到，然后将其发布到新浪微博中，就可获得每日 C 勋章一枚。获得勋章的用户可到派发地点换取每日 C 限量鲜享礼盒一份。

康师傅每日 C 活动主要依靠的是广告资源活动网店、新浪微领域和手机新浪微领地 App，活动程序设置得非常简单，可以说只是一场线上、线下大型新品体验的过程模式。但是因为有了手机微博的参与，这次活动获得了比以往更大的成功。如图 1-4 所示。

图 1-4 康师傅每日 C 近年通过微博做的营销活动

其实有很多与康师傅类似的企业面临着移动营销方面的难题。第一，技术性难题。移动互联网不是自己熟悉的领域，技术门槛难以逾越。第二，认知不足。传统企业主的固有思维难以改变，无法应对移动营销的需求。第三，实力不足。有些企业想凭一己之力展开移动营销，不但经费不足，也没有足够的移动营销人才，而招聘这些人才，导致企业运营成本大量增加。康师傅找到了解决的办法，就是通过微信、微博这种简单却有效的营销渠道，来弥补在移动营销领域的短板。

1.2.2 抓住移动营销的主要渠道

一般来说，移动营销主要有3大渠道。首先是移动电子商务站内营销。根据调查，移动电子商务站点已成为国内外企业的未来主战场，虽然目前这一领域的比例还不是很高，但是随着移动互联网的持续发展，移动电子商务站点的营销潜力会越来越大。其次，二维码营销。二维码营销是与移动互联网一同发展起来的，在零售以及传统广告中增加条码与二维码已经成为移动营销的必备手段。最后，移动应用营销。App营销可以说是移动营销渠道中最受欢迎且最有效果的营销方式，例如微信、手机微博以及各种手机App软件。

例如李宁的“轻呼吸，听见跑”就通过微博做了营销。李宁联手新浪微博，在微博上发起了“轻呼吸，听见跑”活动，用户只要在跑步时，用手机记录下自己呼吸的声音，或者周围环境的声音，再通过手机上传到微博，就可参与竞猜或者投票环节，还可在活动页面查看其他网友的跑步声。这次活动，李宁将利益点升华到了精神层面，用户在消费或者使用过程中将产品体验通过手机微博分享给其他用户，体会到李宁的品牌精神“运动与健康”的重要性，如图 1-5 所示。

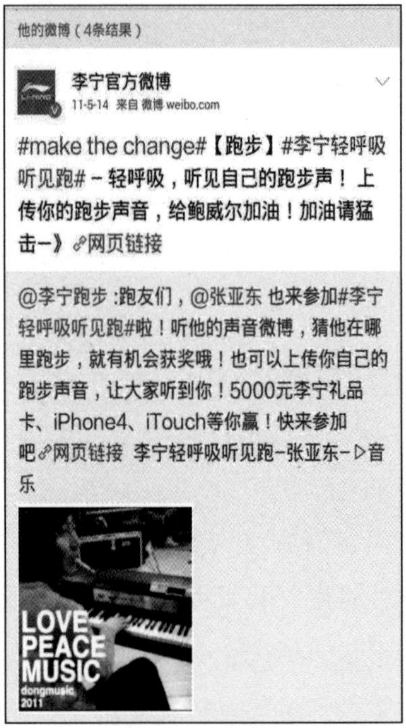

图 1-5 李宁在微博发起的“轻呼吸，听见跑”活动

1.2.3 抓住移动营销的精准性

移动营销的崛起一方面是得益于移动设备和无线网络的兴起，另一方面则是因为它在营销上可以实现更加精准的人群定向，而这是基于人与人之间多向互动实现的信息分享与社会化关系链的传播，让企业能进一步放大营销的收益。因此，企业开辟移动营销渠道是展开移动互联网营销的最基础也是最为关键的一步。唯有如此，才能抢先在未来的营销市场中找到立足点。

《全民魔兽》是一款动作卡牌游戏，它就是根据自身产品的独特性和亮点来做移动互联网营销的，并充分利用了自身的精准性特质。它通过移动 DSP 技术颠覆传统媒体的购买方式，以受众购买为中心，通过 40 多项四维定向 DSP 技术为广告实现精准投放。如图 1-6 所示。

图 1-6 《全民魔兽》

《全民魔兽》是如何制定针对性推广策略的呢？总共有 4 点。第一，选择正确的“游戏人”。在投放广告时选择与游戏高度相关的人群进行重点投放。第二，选择正确的“游戏环境”。通过选择与游戏风格类似的推广环境，在最适合的 App 环境下为移动用户推送高度匹配的游戏广告。第三，人群优化。通过缜密的数据分析，将目标人群确定为 20~30 岁的年轻人。第四，时段优化。通过数据分析，周一到周五上午 8 点至下午 4 点，是游戏互动量和注册量的高峰。

在实际案例中发现，移动互联网已成为当下发展最快、市场潜力最大、前景最诱人的业务平台之一，所以可想而知，通过移动互联网做营销，企业得到的收益肯定不小。

1.3 你的企业为何缺乏移动互联网思维

依靠 PC 互联网，亚马逊和阿里巴巴获得了巨大的成功，成就了全球最有价值的互联网商圈，也造就了电子商务的 1.0 时代。而今天，垂直电商、传统企业等纷纷加入天猫、京东等电子商务平台，希望能够赶上零售革命的二次洪流。但如今，这股洪流正在退潮。它们才刚刚享受到胜利的滋味，却发现全世界的消费者正在通过移动互联网实时连接起来，准备引爆第三次零售革命。

移动互联网时代，是“小公司”的天下，那些大企业为什么干不过一家小公司、一个小品牌，就是因为它们不熟悉新的游戏规则，不习惯用户的评价，不具备移动互联网思维。

它们具备能力，也同样拥有雄厚的资金，缺乏的是来自企业整个组织，从创始人、CEO 到一线员工的完整的互联网思维。现实世界中，有很多企业缺乏互联网基因，高管缺乏互联网思维，遑论新兴起的移动互联网思维。过去，PC 互联网思维颠覆了传统的商业思维，让具备互联网思维的企业获得了巨大的成功。而如今，PC 互联网思维却变得有害。以企业为中心，满足所有用户需求的“大而全，提供一站式购物体验”的 PC 互联网思维已经不能满足移动互联网时代的用户需求。所以，各大企业如果想要在第三次零售革命中获得成功，就必须从 PC 互联网思维迅速切换到以用户为中心、满足每个用户个性化需求的“小而美、提供极致的私人购物体验”的移动互联网思维中来。

1.3.1 爱屋吉屋：无门店免中介的新型租房 O2O

爱屋吉屋是上海一家新兴的房屋中介公司，从 2012 年 3 月开业至今，已经拥有 1 500 人的团队规模。为什么它能发展得如此迅速？因为它抛弃了旧式 PC 互联网大而全的思维，以移动互联网小而美的思维来运营公司。

首先，它给员工提供双倍的中介底薪，以高薪来招聘人才。对于那些没有能力做中介的，爱屋吉屋即使再缺人，也不会录取，这与传统中介员工的低门槛要求形成了巨大的反差，它对于员工的要求就是“小而美”，有能力就给你高薪。

其次，公司的运作也与传统公司的运作完全不同，通过系统性的分析，重新量化，重塑整个业务流程，实现 O2O 的无缝对接。

最后，也是最重要的一点，爱屋吉屋不设门店，只通过官网和爱屋吉屋 App 来发展自己的业务。为了能满足用户更多的个性化需求，爱屋吉屋不但可以通过手机预约看房，还能为用户提供一对一的服务。如图 1-7 所示。

爱屋吉屋也不给中介顾问任何佣金提成，以避免中介挑剔用户的情况发生。通过高底薪、快成交、以用户打分为标准的服务费激励中介，让其能对用户一视同仁。独特的模式，使得爱屋吉屋成立没多久，就引发业界的强烈关注。

在如今智能手机普遍泛滥的时代，以店为核心的租房模式已经渐渐显露出弊端。爱屋吉屋通过互联网手段，把租房这个繁杂的过程简化、标准化，节约了公司大量的人力成本，使其能将重心转移到开拓业务、服务用户上。

爱屋吉屋根据用户的需求，改善了传统房屋中介公司的短板，使租房流程更加透明化，用户的租房体验也得到很大的提升。

图 1-7 爱屋吉屋手机 App

1.3.2 企业主们应具备哪些移动互联网思维

企业主应具备的移动互联网思维，大致可概括为 5 种，简称为 5F。

Fragment 碎片化思维：等车坐车时刷微信、微博，看视频，购物时用手机找店家信息，入睡前先玩会儿手机……这些已成为移动互联网时代的特色。便捷的移动端已经实现了人们随时浏览信息的需求，但因为移动的性质，信息的内容也进一步地往碎片化方向发展，而每一条碎片化的内容都暗藏着消费者的个性需求。所以，企业主就要以碎片化的思维方式来思考怎样让用户在碎片化的时间里来选择你的内容，并且在短时间内喜欢上你的内容。

Fans 粉丝思维：得粉丝者得天下，如今企业要与用户建立更深更多的情感联系，要将用户发展成自己的粉丝。粉丝不仅能提升产品销量，还能为企业带来正能量的口碑传播。小米自然是具有粉丝思维的典型代表，小米推出的各个活动都可以看到米粉们对于小米的狂热支持。所以企业要学习小米，以个性化的品牌理念和价值主张来网罗粉丝。

Focus 焦点思维：移动互联时代，企业对产品的设计不是要做加法，而是要做减法，把明确自身品牌的焦点优势给凸显出来，同时要从一而终地坚持下去，做到极致之后，自然能让用户留下深刻的印象。就像爱奇艺一直以高清作为自己产品设计的焦点，用户也因为爱奇艺清晰的观看体验而持续关注它。

Fast 快一步思维：快，是移动互联网时代的特色，不仅产品信息传播要快，产品的更新升级更是要快人一步。小米的更新换代速度可以说是无人能及，几乎到了每周更新一次。所以，企业们要以“快人一步”的思维来经营自己的企业，而不是抱着“十年磨一剑”的完美思维。

First 第一思维：在碎片化生活方式的影响下，用户只会记住行业中的翘楚，第二、第三与最后一名都没有什么区别，就像奥运会我们只记住金牌得主一样。因此，企业在移动互联网时代更要勇敢地做“第一个吃螃蟹”的人，争做第一，抢占先机，让用户注意到你。

1.3.3 移动互联网思维误区

建造购物平台：许多企业主一提起 O2O，就想建一个商城，在全市或全省建立物流、冷链。某些企业的最后一公里，确实体现了 O2O 的特性，但在渠道去中心化的今天，往往商城还未建立成功，就先把自身给拖垮了。

开发无功能亮点的 App：许多企业主认为开发了 App，就具备了移动互联网思维，而不管这个 App 是否实用，是否有亮点。在 App 领域里，各种各样的 App 已经泛滥成灾，如果你的 App 没有亮点，就注定被淘汰。

把企业账号做成 CCTV：企业主误信传言：“如果你的微博粉丝超过 1000 万人，你就成了 CCTV。”所以很多企业主都用粉丝数量来衡量自己运营业绩的优劣，都希望把自己的公众号做成像 CCTV 的大号。于是就造成了传播结构的大统一，而这恰恰不符合移动互联时代用户对分众内容的需求。相对于严肃的内容，用户对所在区域或周围圈子的产品、服务活动、不同消费者与品牌相关的故事更加有兴趣。

绞尽脑汁做精品内容：移动互联网是去中心化，所以内容没有必要全都往精品化方向发展，只要输出的内容符合自身品牌的定位就足够了。例如微信，你在朋友圈发微信，哪怕仅仅是流水账记录，都会有朋友给你点赞，如图 1-8、图 1-9 所示。

这就是移动互联时代媒体的本质——有限的人通过他们有限但感兴趣的内容来进行互动。所以，企业在社会化媒体平台运营的内容定位要明确，针对有限数量的目标人群，做出与自身匹配的内容就足够了。

图 1-8 微信朋友圈流水账似的内容

图 1-9 微信朋友圈朋友点赞和评论

总而言之，企业如果想通过移动互联网来发展自身，首先就要确定自身是否具有互联网思维，以及移动互联网思维都是什么。

第 2 章

碎片时间连接无限用户

在拥挤的公交车或地铁上，我们很难看到不玩手机的人，他们或者在刷微博，或者在玩游戏，或者在看新闻，或者在听音乐。即使是回到家里，手机也是片刻不离身。无聊且漫长的碎片时间被移动端整合到了一起，加起来可达 4~5 小时之久。这个碎片化的时间，给企业带来了挑战，也带来了机遇。通过移动端，利用碎片化时间与用户进行互动交流，成为移动互联网中一条独特且全新的路线。

2.1 碎片时间是赢得消费者的黄金窗口

移动互联网时代，变化最大的就是用户的消费方式和消费场景，企业接触用户的地点和时间越来越广泛和不固定，接触用户的时间也越来越短暂，碎片时间成为赢得消费者的黄金窗口。

每天用户逛店，停留在实体店、网店、移动商店的时间越来越短，可能从最初的半小时，缩短至10分钟，再缩短至1分钟，甚至最后缩短到以秒计算。用户每天通过微博、微信、陌陌等各种社交媒体随时随地都在创造碎片化内容，例如他的信息分享、写的评论、转发、点赞，甚至于他的购物清单、浏览痕迹，晒的心情、照片和视频等。一旦这些碎片化内容产生，又被大量传播，那么其他人就会知道：这个世界刚刚发生了什么，某人做了什么，他最近去哪儿了，他又买了什么东西。

就是这样，通过微博、微信、脸书等渠道，这些刚刚生产出来的碎片信息，就会铺天盖地包围其他人，影响着他们的生活和工作，影响着他们的购物决策，并产生大量的即时性、冲动型需求，从而让用户的消费需求和购物时间更加碎片化。

碎片化的时间让企业和用户生活之间的边界变得越来越小，以往工作时间用来工作，生活时间用来生活的情况变成了生活和工作之间可以相互匹配，移动互联网让我们可以在不影响工作的情况下去享受生活，而生活中的碎片化时间也可以用来完成工作。而许多企业，正是抓住了这种特性，让碎片化时间成为自己赢得用户的黄金窗口。腾讯和阿里巴巴就是其中之一。

2.1.1 快的、滴滴利用碎片时间的支付入口之争

快的、滴滴前段时间宣布合并。这一年多来它们的烧钱大战进行得如

火如荼，将其他打车软件打得一败涂地。在为期一年多的烧钱大战中，滴滴打车对使用微信支付打车费用的乘客，每次都有几元到十几元不等的优惠；而快的打车则联合支付宝，宣布全国 40 多个城市的乘客，如果使用支付宝支付也可获得几元到十几元不等的优惠奖励。如图 2-1 所示。

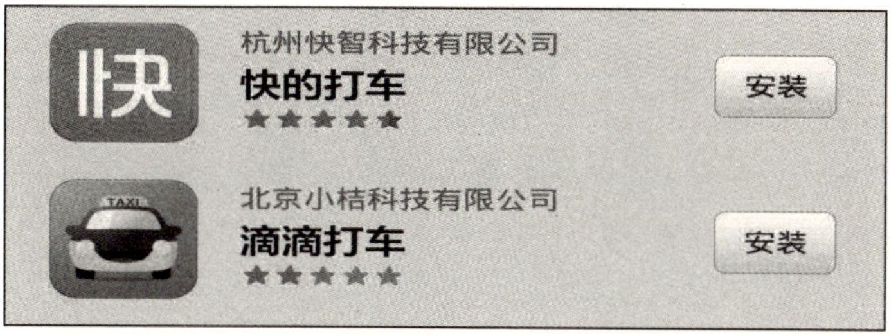

图 2-1 快的和滴滴打车手机 App

其实腾讯和阿里巴巴两大巨头在打车市场竞争的目的，并不在于打车软件本身，而是移动支付的入口。发展支付领域是腾讯目前最为重要的业务之一，把滴滴打车接入微信支付，能为微信支付找到更多的应用场景，比如说微信红包。支付宝虽然在支付领域已有一定的地位，但面对着后来者的围追堵截，支付宝依然需要大力发展自己的支付业务。

其实这种融入移动支付的商业消费行为背后，利用的就是用户的碎片化时间。在过去，用户要打车只能通过官方电话或者站在街边叫车，受时间地点的限制；付费也一样，只能通过现金交付，支付的行为受到了限制。但是通过这些打车软件和在线支付，用户随时都能打到车，你可以临出门前拿起手机打车，也可以在与朋友聚餐时预约好半夜的车，无论什么时间、什么地点都可以进行，用户和司机也不用担心没有零钱找付。

与支付宝和微信一样，如果想要赢得用户，首先就要懂得如何获取用户的碎片化时间。那么要如何获取碎片化时间呢？从手机 App 上下功夫肯定是错不了的。如图 2-2 所示。

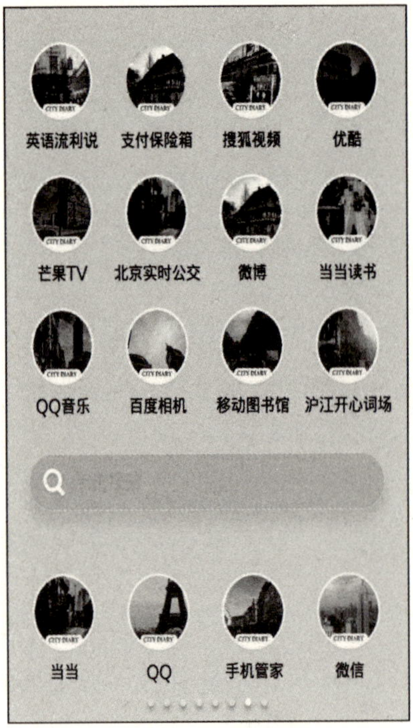

图 2-2 用户在手机上下载的各种软件

2.1.2 企业开发手机 App 的必要性

第一，手机早已打破了时间和地域的限制，利用碎片化时间，使得原先只能在 PC 端操作的各项功能都能在手机上得到实现。第二，由于智能手机屏幕的增大以及网页设计的优化，手机用户的体验在不断提升，用户的接受度与认可度也与日俱增。

就像是当当网为了提高手机端的销售额，专门推出了当当手机购物 App 和当当读书手机 App，这些原本只能在 PC 端操作的事情，现在用户只要下载软件，就能在手机上进行操作。例如用户在等车或者坐地铁的一些空闲的碎片化时间里想看书打发时间，原先必须携带纸质书才可以，现在只要一部手机就可以实现。当当网手机 App 的开发，让用户黏性得到大大提高，也吸引了很多手机注册用户。如图 2-3、图 2-4 所示。

图 2-3 当当读书手机 App

图 2-4 当当购物手机 App

2.1.3 开发 App 需要注意的两个事项

想通过手机App来获取用户的碎片化时间，有几点需要注意。第一，软件的容量越小越好。手机的内存一般都有限，如果你的软件容量过大，用户可能会选择放弃。第二，操作过程要简单快速。这一点在PC端也是有严格要求的，但移动端的要求更高。因为用户一般只有在碎片化的时间才会玩手机，如果你的软件操作过程烦琐，需要花大量的时间，用户也是不会使用的。第三，开发的App要符合自身的定位，如果你是做购物类的，却跑去开发什么学习类的App，也许你的App开发得很好，但对企业却没有太大的帮助。

就像是当当网，为了能扩大手机订单业务，开发了当当购物手机 App，在这个 App 中用户可以购买任何东西，包括服装、图书。但当当网为了不让自己的核心业务被购物影响，又专门开发了当当读书手机 App，通过这个软件用户既可以读书，又可以购买自己喜欢的图书，不被当当网的其他电商业务干扰。

现在，PC 端的业务增长速度还徘徊在双位数，并已有疲软之态，而移动端的数据和业务规模已经呈现几何级的增长。因此对于大多数企业而言，发展移动端此时不来更待何时？而支持移动端数据爆发性增长的一个原动力就是人们越来越碎片化的时间所导致的越来越碎片化的生活方式。碎片化时间已然成为赢得消费者的黄金窗口。

2.2 一定要让用户在碎片时间里主动选择你

如果说移动互联网的爆发式是让企业对碎片时间点头承认，那么前提条件是，先让用户对企业点头说好。移动互联网的发展日新月异，今天还流行的，明天也许就过时了，所以一定要在产品推出时，第一时间就抓住用户，让用户在碎片化的时间里主动优先选择你。

因为用户的时间已被碎片化，所以做选择的时间非常有限。他们不可能花大量的时间和精力去对产品一一比较，所以往往第一眼看到什么，或者知道某个产品较好，就简单并快速地做了决定。也就是说，如果你不能在第一时间就让用户主动选择你，那么在接下去的时间里，就很难再获得用户。

其实想让你的产品在众多产品中被用户主动选择，可以通过培养用户准点习惯来实现。虽然说用户的时间被碎片化了，但一般碎片化的时间是固定的，例如上下班时的碎片化时间，中午12点的碎片化时间。如果想要让产品在第一时间被用户选中并持续主动选择，就要培养起用户的准点关注习惯。

伊米妮就是通过培养用户的准点习惯来让用户在碎片时间中主动选择

自己的产品的。现在我们就来看看，它是如何培养用户准点习惯的吧！

2.2.1 伊米妮：让无线用户在碎片时间里准点关注

伊米妮是天猫的一家原创女包网店。当无线营销成为一种新的渠道之后，伊米妮就开始研究用户的新关注习惯，数据分析得出的结果是：在移动端，用户的关注时间变得更加碎片化、更加缺乏焦点且更具随意性，他们的兴趣点也和 PC 端不同。为了让用户能在碎片化的时间里主动选择自己的产品，伊米妮设置了准点关注的活动，主要分为 3 个时间段。

早市准点活动：每天上午 7：00~9：00

用户在无线端出现的第一个碎片化时间一般是早上 7:00~9:00 的上班途中，这时他们一般都在地铁或者公交上，有相对碎片且稳定的时间浏览移动端，而且转化率也非常高。伊米妮针对用户的这个特点，设置了早市准点活动。伊米妮通过设置秒杀、拍卖来吸引用户。秒杀的产品一般是样板、孤品、爆款等，设置的价格也不会太高，如果错过了这个时间段，用户就无法得到这个优惠或者孤品。拍卖则会给用户一个低价，让他们竞拍，拍卖的产品也是其他渠道没有发售的，只有在无线早市出现，所以，错过这个时间段就不会有了。如图 2-5 所示。

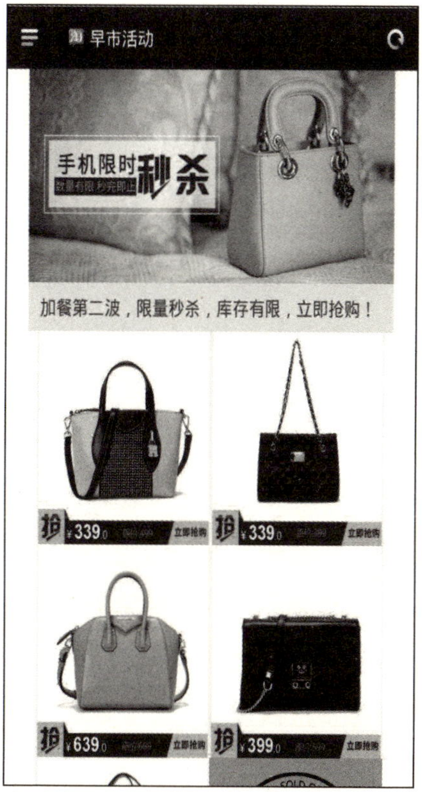

图 2-5 伊米妮早市准点活动

周四准点活动：每周四 21：00~24:00

数据显示，每天晚上的 9 点 ~12 点是手机流量的高峰期，所以伊米妮就选择每周四的这个时间段来做准点活动，定位是限时 3 小时的抢购活动，以此养成用户新的浏览和购物习惯。

周末准点活动：无线端的数据显示，在周末，手机流量大于工作日流量，因为这个周末大家一般都不会选择坐在电脑前，而是或者出游，或者聚餐等。伊米妮在周末准点活动的布局则是销售的产品款式偏年轻、价格较低，选择转化率较高款，再做一部分的让利。区别于周四的活动，周末的活动娱乐性较强。伊米妮会在活动中加入抽奖、奖励电影票、赠送优惠券等活动，甚至还会提供当日的自助餐券。

长期坚持下来，伊米妮的用户就养成了在固定的碎片化时间掏出手机看看伊米妮的 App，看看活动中有什么是自己感兴趣或者需要的。

让用户在碎片化的时间里主动选择你，企业要特别注意 3 个事项。

2.2.2 与目标人群产生共鸣

这是非常重要的，如果你的产品不能让用户产生共鸣，不能感动用户，不能得到用户的认同，用户是不可能主动选择你的。特别是在碎片化时间里，用户有时会受时间或者周围环境的限制和影响。

蒙牛真果粒在这一方面就做得非常好，在一次与微博和微信共同发起的名为“寻找真实自我、真自游”的活动，就很好地让自己的产品与用户产生了共鸣。蒙牛真果粒这场活动针对的是都市女白领，所以无论在广告上，还是在活动口号上，都着重突出“真实”二字。如图 2-6 所示。号召人们在忙碌的生活中放慢脚步，寻找真实的自己，回归最真实和最自然的状态，这个主题和都市白领的想法不谋而合，让他们第一眼看到活动时就产生了参与的兴趣。

图 2-6 真果粒为“真自游”活动制作的海报

2.2.3 简单化游戏规则

碎片化时间的总量虽然惊人，但却是断断续续的，所以一个活动如果参与所需的时间太长，用户肯定会失去兴趣。

蒙牛真果粒的活动规则很简单，只需要网友拍照上传，参与的过程不到一分钟，大大节省了用户的时间，提升了用户参与的体验感。同时真果粒还设置了旅游大奖、单反相机、旅行套装、微博会员奖励等激励措施，来吸引用户参与。

2.2.4 选择最适合的沟通平台

企业在推广产品时，平台的好坏有时能决定活动成功与否。就像是湖南卫视的电视剧，即使再烂，收视率都不会太差。这是因为湖南卫视有很好的推广渠道和收视群众基础。而在移动互联网中，微博和微信的力量是最不容小觑的。

伊利的“谷粒多鼓励”活动，就基本选择微博平台。微博用户人数庞大，且用户参与的热情都非常高，碎片化时间里用户通过手机刷微博已经成为他们的习惯。所以依靠微博这个大平台，伊利“谷粒多鼓励”每次设置的活动都得到了用户的积极响应。如图 2-7 所示。

图 2-7 伊利“谷粒多鼓励”在微博上设置的活动

2.3 10 秒钟留不住用户等于销售为零

在 PC 互联网时期，你甚至都不知道对方是谁，因此，PC 互联网中营销就显得格外被动。但是移动互联网不同，它连接的是活生生的用户，而且这个连接是实时存在的。特别是随着 4G 等高速移动互联网的到来，更大规模的用户加入到这一浪潮中，从图片、文字到视频，任何信息的控制权都很可能易帜，从企业转移到消费者的手中，从而产生了大量的碎片化时间。

在移动互联网时代，人们在一天 24 小时里的任何时间，都可以有消费的冲动，可以立即购买。在这种碎片时间思维下用户越来越渴望消费时可以自由化，而且在浏览手机时，往往会产生一种惯性：10 秒钟如果看不到一个企业购物网站的亮点，就会移步。因为在移动互联网中，用户随时都可以触动“退出键”，前面还有更多的 App、手机网站等待着他们。因此，对企业而言，如果不能在 10 秒钟之内留住用户，那么将会有无数的碎片时间溜走，无数的用户消失，届时企业的销售业绩就会为零。

2.3.1 手机淘宝，一秒钟就爱上的低价特色

10 年前淘宝网借助互联网思维，曾经聚拢了一大批用户。但是随着移动互联网的发展，人们开始越来越多地将各种碎片化时间分配在手机上，因此淘宝如果还继续停留在 PC 端的营销思维中，自然就会被淘汰。好在淘宝及时进军移动互联网，并且为了赢得消费者，更是看透了用户使用智能手机的碎片时间消费习惯，费尽心机在手机淘宝上下足了功夫，让每个逛手机淘宝的用户，都能在短时间内喜欢上这里。

打开手机淘宝的第一页，就会发现在眉头广告中，轮番滚动的是众多的“1 元秒杀”广告，如图 2-8 所示。平常逛手机网站时，可能会想得到低价，

但是“1 元”的低价，你见过吗？可能没见过，于是就会点击进入，查看详情，希望能够买到价廉物美的商品。的确，在这里，有各种大牌正在以“1 元”的价格参与秒杀。比如手机淘宝母婴会场中，各种正品大品牌的儿童安全座椅、新款儿童棉服等，都在以“1 元”的价格等待用户的秒杀，如图 2-9 所示。

如果用户对这种“1 元”秒杀的方式很没有信心，他还有别的选择，继续往下拉动界面，还会看到“9.9 元限时抢购”“1 元包邮”“不只 50%”“12.12 元秒杀”等各种足以让人“喷鼻血”的画面，如图 2-10 所示。这些画面多少都会牵住用户的心，让他停在这里不愿离去。

此外，在手机淘宝中点击“发现”，还能发现各种抽奖活动以及生活服务，比如 KTV、定外卖、看电影、缴纳费用等，如图 2-11 所示。可以说，只要拥有了手机淘宝，便可以处理一切生活中的烦琐事务。

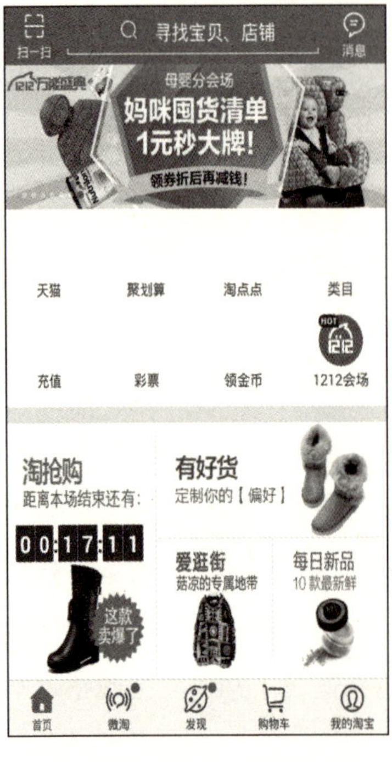

图 2-8 手机淘宝“1 元秒杀”低价

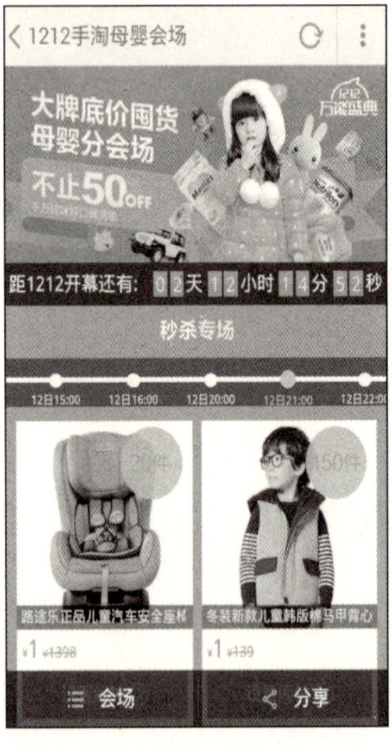

图 2-9 “1 元秒杀”会场

图 2-10 手机淘宝更多低价特区

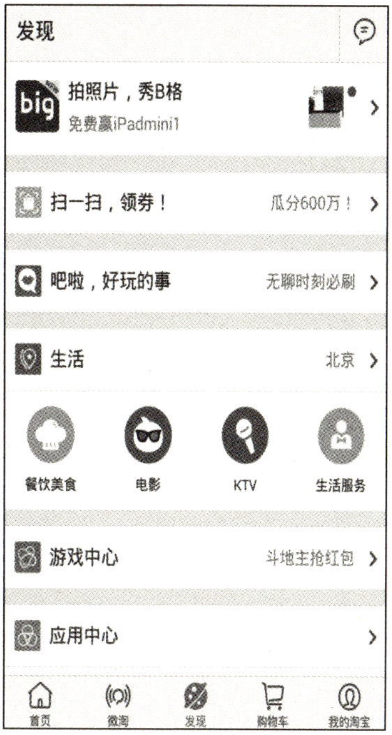

图 2-11 更多生活服务

手机淘宝何止是用 10 秒钟留住了用户，几乎就是秒留用户，赢得了用户最大的碎片化时间，实现了更好的营销。

手机淘宝的成功不仅仅在于它能看透手机用户的消费心理，更在于它能够充分抓住用户的需求。用户虽然渴望自由消费，甚至可以漫无目的地在各个手机网站、网页、App 中神游，但是手机淘宝的这种让用户“占便宜”的营销方式，却足以打动并留住消费者。因此，企业必须要针对移动互联网的这种碎片时间思维来发力，争取在 10 秒钟之内就能留住用户，让用户更多的碎片时间留在你这里。

2.3.2 跌破眼镜的低价唤醒用户

现在的用户是一个个性化的群体，他们想什么时候买，就什么时候买；只有用户中意的，符合用户的意愿，才能打动他。因此在移动互联中，用户的“随意性”很大，时常这里看看，那里走走。如果想要抓住用户的碎片时间，在10秒钟之内留住用户，必须要学习手机淘宝来一场跌破眼镜的低价模式，用这种低价策略唤醒用户，让他对你倾情。

乐华电视较早借助移动互联网的碎片时间思维开始手机微信营销。在微信营销中，乐华电视一直在思考一件事情：公众号几乎泛滥的微信平台，如何让用户在10秒钟之内把接下来的大多数碎片时间都给你呢？于是乐华推出了低价秀场，不但新品电视超低价，而且买就送。2014年11月底，乐华在微信中推出了“粉丝节”，为用户推送了42寸、32寸新品电视的低价活动，价格不但让人“醉了”，而且买就送无线鼠标、手机等各种豪华奖品。如图2-12所示。

图2-12 乐华电视用低价吸引用户

有了这些跌破眼镜的低价，用户看到之后，自然就会被吸引住，别说10秒钟，就是10分钟，粉丝也不会再走了。

2.3.3 好玩、实用的信息也能让用户向你看齐

低价虽然能够在短时间内留住用户，但是有时候过度、过多的低价可能会引发用户的排斥和猜疑。因此企业想要把用户的碎片化时间留住，还应该注重内容。比如可以向用户推送一些好玩且有趣的内容，让用户看到之后觉得有意思，想要继续往下读；或者给用户发一些较为实用的信息，让用户深受启发，有醍醐灌顶的感觉。这样一来，用户自然就会被你吸引。

携程旅行在移动互联网的营销过程中，为了更快地吸引用户，更好地笼住用户的碎片时间，不只是以低价旅行来打动用户，更是采取了发送各种有趣好玩、实用的信息，给用户旅行途中、生活中一些实用的帮助和启发。如自助服务、星座订票等信息，如图 2-13 所示。这样一来，有了粉丝的长久关注，那么销售订单也就不必发愁了。

图 2-13 携程旅行微信中给用户有实用的信息

相信没有人会对一个有深度、有干货的信息不感冒，在移动互联网的大世界中，正是因为有太多肤浅、浮躁的东西，才会让用户用不上 10 秒钟就离开。如果企业真的能够给用户一些好玩有趣又实用的东西，用户一定会选择你。

2.4 在碎片时间里让用户尖叫出来

如何在碎片化时间里让用户尖叫出来？这就要看你的产品是否达到了极致的程度。其实这一点和 PC 互联网时代的要求相差并没有太多，只是因为移动互联网时代时间碎片化的限制，所以在设计产品时，对细节方面要更加做到极致。

在移动互联网时代，不管企业推出哪种新产品，只要模式够好，用户喜欢，不需多少时间，一大波类似的产品就会出现在市面上。在这些类似的产品中，先来的可能还能分得一杯羹，后来者只能蹒跚地在夹缝中求生存。

但无论是先来者还是后来者，如果想要赶超，想要赢得用户的欢心，干掉其他人，甚至是第一个，那就要看是否能让用户为你的产品情不自禁地发出尖叫声。极致的产品追求，对用户尖叫声的追求，无论在PC还是移动时代都是企业需要做到的。

微信就是一款能时时刻刻让用户在碎片化时间里情不自禁发出尖叫的产品，相信正在使用微信的你们深有体会。那么现在我们就来看看，微信是如何让用户尖叫的吧！

2.4.1 微信：让用户在碎片时间里不断尖叫的微创新

微信流行的秘籍很简单，就是让用户尖叫。尖叫是一个中性词，到底是因为太好了尖叫，还是太烂了尖叫？对于微信团队来说，无疑应是前者。

腾讯团队迭代微信的过程中，一步一步增加功能。它没有一步到位，而是通过微创新来改掉自身的缺点。虽然更新换代的过程是缓慢的，但它的每一个微创新都能让用户尖叫出来。

如微信增加的二维码功能，用户只要对准图案扫描就能读取对方的信息并且加为好友，如图2-14所示。微信还特意做了一个取景框和一条移动的扫描线，非常简单明了。而且为了能符合碎片化时间的特性，二维码的操作过程也非常简单快速，只要对准二维码扫描就能自动识别并转换。这个功能刚推出时很多用户都会习惯性地寻找拍摄按钮，但明了只要对准就能完成操作时，用户都会情不自禁地尖叫出来，因为实在太简单，太好用了。这个扫描框除了能扫描二维码还可以扫描各个产品的条形码。如果你在商场买东西，怕买到假货或者价钱太贵，只要用微信扫一扫，就可确定该产品的真假，并得到该产品的相关信息。如此实用、便捷的东西自然能让用户尖叫出声。

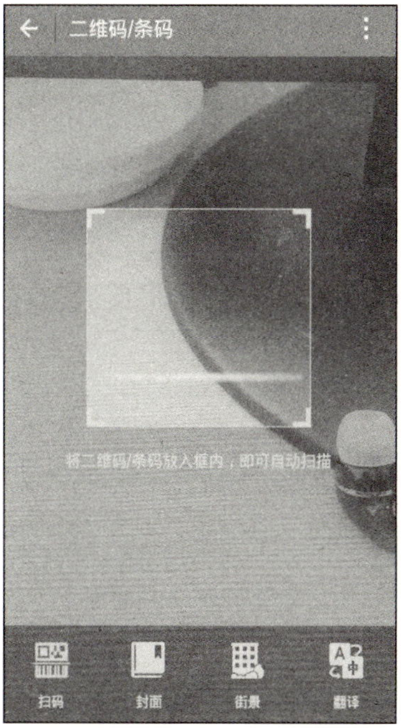

图 2-14 微信“扫一扫”

除了扫一扫，还有摇一摇、漂流瓶等微信的微创新，都能让用户情不自禁地尖叫，因为实在是太简单又太好用了。

在移动互联网时代，如何将产品设计到让用户尖叫呢？需要做到以下两点。

2.4.2 以极致的态度设计产品

这就要求企业在设计产品时不能有容忍或者差不多的心态，对产品的 bug 要保持零容忍的态度，更不能容忍产品在操作过程中有什么停顿、在产品流程和功能的开发过程中有丝毫的妥协，即使是只能提高 0.1 秒的加载速度也要去较真儿。只有这种零容忍和较真儿到极致的态度，才能设计出让用户在碎片化这个备受限制的时间里尖叫的产品。

湖南卫视《我是歌手》这个栏目，它为什么能收视、话题齐飞，捧红了不少歌手，还能让观众每听一首歌就尖叫一次？就是因为整个团队成员乃至歌手对歌曲采取零瑕疵的态度。无论是乐队的殿堂级配备，如图 2-15 所示，还是现场音响摄像的最高端配置，或是歌手对编曲、演唱、舞蹈每一个细节的不断纠正，都是让这个节目口碑和收视爆棚、用户尖叫连连的原因。

图 2-15 《我是歌手》部分乐队成员

2.4.3 要抓准用户的痛点、痒点、兴奋点

要想让用户尖叫，一定要抓住用户的 3 个需求点，分别是痛点、痒点、兴奋点。痛点的意思是用户的需求必须是刚需，用户存在的必须是苦恼无处解决且急需解决的问题。痒点的意思就是让用户在生活中产生别扭的地方，让用户既乏力又欲罢不能，需要有人帮助挠挠止痒。兴奋点的意思就是产品能瞬间让用户产生“wow”效应的刺激，带来兴奋点。企业在做产品时，只有抓住了用户的这 3 个需求点，并将它融进产品的设计中，再结合设计产品应具备的其他元素，才能让用户在碎片化的时间中使用并为之尖叫出声。

依然以《我是歌手》为例来探寻它为什么能让用户尖叫。除了上文所述的每个团队对节目保持着极致的态度外，还有就是它准确地抓住了用户的 3 个需求。首先，用户的痛点。《我是歌手》第一季推出来之前，电视上充斥着各种假唱、车祸现场，更缺少为歌手演唱配置的高端乐队和音响，所以用户很少能从电视上听到好的现场演唱，这就是用户的痛点，而湖南卫视就是抓住用户的这一痛点才推出了这个栏目。节目一推出，马上就话题爆棚，观众连连惊叹实在是太好听了。其次，用户的痒点。每个人都想听好音乐，但是又很难得到满足，需要有人不断给他们好的音乐来帮助他们止痒，所以《我是歌手》才连连做了三季。最后，用户的兴奋点。用户的兴奋点就是成名已久的歌手居然愿意放下身段，和选秀歌手一样进行比赛，同时还要面临被淘汰的可能，这样当然能激起用户的兴奋感。如图 2-16 所示，来的歌手越大咖，他们的兴奋度就越高，特别是像齐秦、羽•泉、韩红、李健等这种重量级的歌手。

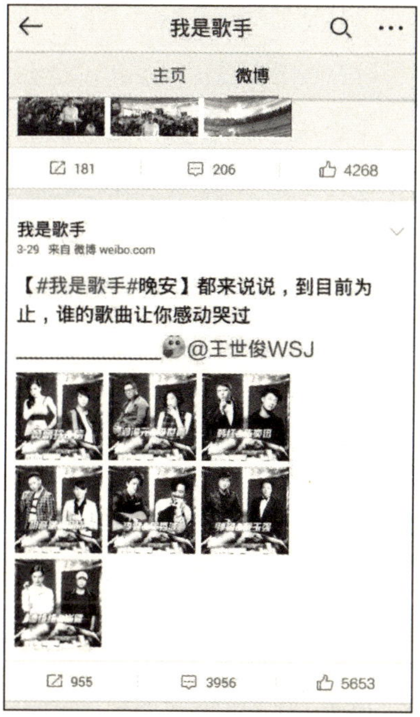

图 2-16 《我是歌手》请到的乐坛大咖

在碎片化的时间里让用户尖叫出声，需要抓住用户的痛点，需要产品设计的每一个功能都符合碎片化的特性要求，例如好玩实用、操作简单、能满足人们的需求。

2.5 碎片化时间让企业从“坐商”变“行商”

“用户怎么不见了，他们都跑到哪里去了？用户的需求为什么越来越难以满足？砸下大笔资金的传统营销方式怎么没了以往的效果？”这些，是大多数企业曾经或正在发出的感叹。为什么会出现这种情况？原因还是用户的碎片化时间。

用户的碎片化时间不但造成生活方式的改变，另一方面也指向了市场，使其如今也进入了个性化的时代，碎片化下的个性化打破了原来的大众市场，如今的市场也变成了碎片化的市场，所以，企业要适应市场，也要改变原来的营销方式。企业要重新去审视市场环境、重新洞察消费者的行为并重新定义用户，要根据碎片化时间和碎片化市场的特征来创造新的营销模式。

在用户时间及信息碎片化的时代，产品信息如何才能成功地留在消费者的记忆中？使用多种方式，就要通过多种渠道，通过多种终端去传播企业、产品的信息。因此只有改变单一的坐店等客上门营销模式，主动走出去，主动去开拓新的商机、主动实施新的营销模式，企业才能在碎片化时代抓住用户。

2.5.1 喜临门集团的“坐商”向“行商”的转变

2008 年，互联网“移民”大潮已发展得如火如荼。面对这种情况，中国喜临门集团先知先觉，依据自己的品牌地位、渠道网络的优势调整了企业未来的“作战”计划，不再一味等待用户上门，而是大张旗鼓地增设了直销业务，实行离店销售模式，改变以往的“坐商”模式，向“行商”转变。如图 2-17 所示。

图 2-17 喜临门集团

为了能更加精准地吸引到用户，喜临门将营销从专卖店移到了用户的生活终端——小区，进行更加主动的社区式营销。在新建楼盘开盘日、交房日和业主大会等客流密集之时进行品牌宣传。在房屋装修阶段进行扫楼营销，直接预约用户一对一拜访。同时，根据小区性质的不同采取不同的行销模式，如商品房就采取经营团购、异业联盟等方式；别墅房则采用经营家装公司的方式。

喜临门这种新的经营方式，到了如今这移动互联网时代变得更加适用。因为用户时间的碎片化，他们很难抽出大量时间去装修房屋，或者不断花费大量时间到家装公司去咨询相关信息。虽然在移动互联网时代，用户每天的碎片化时间多达4~5小时，但这些时间大部分都是在地铁、公交车上度过，即使到了周末也有一大堆应酬，所以真正能自有和利用的时间少之又少。

喜临门的这种直接进入社区营销，并主动上门、主动预约的方式很好地解决了用户的问题。同时，喜临门也保留了一定数量的传统门店，让门店与直销相互支持、相互弥补。这一新的营销模式，使喜临门在时间碎片化中实现了营销的“双行线”，配合用户时间碎片化的特点，使企业得到了更大的发展。

那么其他企业如果也要像喜临门一样让自己从“坐商”变成“行商”，都需要注意些什么，都有哪些技巧呢？

2.5.2 以店为核心的环绕运转

企业想通过离店行销的模式来抓住用户的自有时间，并不是说就不把传统的门店作为主战场，而是以“店”为根据地，将被动等待的“坐商”变成主动出击的“行商”，同时配合多种方式和手段，就像是 GPS 定位一样，将自己的产品信息覆盖到目标市场的每一个角落，同时精准锁定用户，配合用户的时间，满足用户的需求。归结起来其核心就是：“以店为核心，其他的营销行动都围绕着店来转”。

安利集团就是典型的离店直销的模式，虽然它以直销模式为主，但还是围绕着实体店在转。安利集团会每隔一段区域就设置一个实体店，为员工的直销行动提供支援，用户也可以到店内购买。如图 2-18 所示。这样的营销方式，可以使用户增加对安利品牌的信心，也能及时为直销人员解决一些营销方面的困难，例如货源等。

图 2-18 安利在北京各区设置的直营店

2.5.3 以多样化的营销方式配合用户的自由时间

想要抓住用户，就要先抓住用户的自有时间，所以要以多种营销模式来配合离店营销。在用户时间碎片化时代行之有效的新营销模式主要有三种。第一，移动网络营销。移动网络无疑是最能配合用户碎片化时间的一种方式。例如手机，企业在一些手机App中插入广告，用户就能在碎片化时间中接收到你的产品信息。如果用户对你的产品感兴趣，就能通过自有时间购买你的产品。第二，会员营销。在用户也趋于“碎片化”的经营环境中，会员制无疑能变成强力胶，将这些“碎片化”用户牢牢地黏住。每个会员都有自己的生活，他们会通过自己的自有时间向其他用户传递产品信息，能影响到一定数量的人群。第三，跨界营销。碎片时间导致用户对企业的要求也变得更多更碎片化，在这种情况下，单是企业自身的项目肯定是无法满足用户的，所以实行跨界营销、跨界合作，就成为了必行之事。寻找非业内的合作伙伴，有利于发挥不同类别品牌的协同效应，使用户产生更具张力的品牌联想。

RIBEIRO 是阿根廷的一家大型家电零售商，为了能抓住用户，它实行了多种营销手段来配合用户的自有时间。选择和竞争激烈的出租车行业合作，实行跨界合作就是其使用的营销手段之一，如图 2-19 所示。

RIBEIRO 选择了一批出租车，在车顶上放置 logo。但这并不是一个普通的出租车广告，RIBEIRO 在带有标志的出租车的车厢副座背面安装了一个显示装置，打车的人可以在显示器中看到里程数和 RIBEIRO 的商品展示。但这与触动传媒大大不同，这个显示器显示移动的公里数，商品栏就会显示出当前打车用户可以在 RIBEIRO 购买的商品。RIBEIRO 在用户乘坐出租车的碎片时间里做广告，暗示用户：坐车的钱就够这个产品的首付了，你还觉得产品太贵吗？同时，RIBEIRO 还会告诉用户，可以把车资消费的凭证拿到 RIBEIRO 抵扣，也就是说用户有可能不用付该款产品的首付。

图 2-19 RIBEIRO 门店

RIBEIRO 通过这种方式跨界营销，在用户碎片化时间里打出吸引眼球的广告，直击用户的内心，为实体店开辟了一条新的营销之路。

第 3 章

O2O 模式，消除线上与线下的障碍

O2O 在 2014 年全面火爆，其火爆的程度主要表现在两个方面：第一，传统行业多元化转型创新，第二，网民的消费习惯在互联网影响下发生了巨大改变。智能设备的推进，使人们有机会 24 小时在线，于是移动电商也随之产生，许多企业从“坐商”变成了“行商”。

移动 O2O 让企业多了一个新的机会。企业家们要懂得利用移动互联网的工具主动出击，把“死店”变成“活店”。

3.1 移动O2O拯救了濒临消失的传统零售业

近几年，传统零售业一直处于经济下行和科技变革的双重压力中，商务部监测的数据显示，2013年零售业重点企业百货店的销售额增长10.3%，增幅与上半年一样。不过这个数字显然不能和电商的业绩相比，数据显示，2013年网络销售增长31.9%，是前者的三倍多。这个数据预示，传统零售业将进入发展停滞期，“触网”已是在所难免。

触网被认为是拯救零售业的诺亚方舟，不仅能解救零售业于危难之中，更有助于打造出一种全新的购物理念。准确地说，O2O是电商的一种形态，早期是将线下实物搬到线上，以低价来抢占市场。但现在这种传统的电商模式已经渐渐式微，因为它已不能满足用户的需要。现在的用户不仅希望能在网上购物和获得各种生活服务，还希望能脱离PC端，不分时间、地点进行购物。基于用户的这种需要，移动O2O渐渐代替了传统的O2O模式，更拯救了濒临绝境的传统零售业。

移动O2O可以最大程度实现个性化和多元化。如果只是一个综合性的电商平台，那么入口显然不能满足市场的需求，传统的零售业很难实现资源的合理分配，而且同行之间也很容易陷入同质化竞争。一些大型的零售企业已经形成了多层次、多品牌的店铺格局，实现了连锁化经营、多元化管理和多样化发展，移动O2O的模式更容易帮助它们实现线上品牌的多元化、自主性经营，而不至于陷入同质化竞争。

优衣库显然是近些年成功运用O2O模式的典范，通过这一模式，优衣库增加了不少客流量，现在我们就来看看，优衣库是如何做到的吧！

3.1.1 移动 O2O 让优衣库走到了服装业的前列

优衣库的门店模式显然抓住了移动 O2O 的精髓。门店模式指的是把门店作为 O2O 的核心，强调 O2O 为线下门店服务的工具性价值，帮助线下门店导流，提高线下门店的销量。例如线上发放优惠券线下使用，以此来增加门店的销量；或者线上发布新品预告和相关搭配，吸引用户的购买欲望；收集门店用户数据做精准营销；通过手机的地理位置显示功能帮助用户迅速找到门店位置，等等。如图 3-1 所示。

图 3-1 优衣库手机 App

优衣库一直坚信实体渠道有着巨大的价值，O2O 的主要作用就是为线下门店提供服务，提高门店销量，并能做到推广效果可查、每笔交易可追踪。早在 2013 年 4 月，优衣库的手机 App 就能提供在线购物、二维码扫描、优惠券发送以及线上门店地址查询的服务。其中在线购物功能是通过跳转到手机端的天猫旗舰店来实现的，优惠券则是为了增加用户到线下消费的频次和客单价。

优衣库在移动 O2O 方面的布局虽然简单直接，但却非常有效。在策略方面，它已经将线上线下的服务做到了完美的融合。首先，App 上提供的优惠券、二维码就是为线下门店专门设计的，用户只有到实体店才能扫描使用，将 App 上吸引的用户引到线下去消费；其次，优衣库的商品和优惠券的二维码也是专门为自有 App 设计的，只有优衣库的 App 才能识别，从而将线下门店的消费人群吸引到线上，提高了 App 下载量和使用率，反过来又利用 App 将使用者引到门店去，成为消费者，从而形成良性循环。

这种线上向线下导流的门店模式，主要应用于较为知名的品牌。这种模式尤其适合于有一定的粉丝基础和号召力，同时靠销售门店体验和服务拉动为主的服装品牌。

虽说使用移动 O2O 模式来改变自身运营的传统零售业不在少数，但仍然有许多企业引流不成功，那这是为何呢？其实想要做好移动 O2O，需要做好以下两个方面的工作。

3.1.2 在整体业务框架下培训员工

第一，在实体店内上班的员工要熟悉公司电子商务网站的各个方面，这样才能向用户直接推荐网站上的相关产品和服务，才能为线上引流下来的用户解答疑问，提升用户的购物体验。员工还要能帮助原先实体店内的用户使用线上网站，指导他们找到自己需要的产品。这样能有效地驱导未来的销售，同时也能提升用户的购物体验。

第二，当实体店缺少某种颜色或者尺寸的产品时，员工要能快速查询网站，在线上帮助用户找到他想要的产品。

所以说，传统零售业要做好移动 O2O，就要对公司的员工进行统一培训，以确保用户线上和线下的购物体验能保持一致。

苏宁以前是很传统的家电、3C 零售企业，在电商的冲击之下，现在也做起了 O2O，而且非常成功。为了能让自己的 O2O 模式一炮而红，在 O2O 模式开启之前，苏宁就对全体员工进行了培训。首先，是线上的相关知识；其次，是教他们如何引导线下的用户使用移动 App 访问公司网站；最后，对线上网站和线下实体站产品的了解，了解其是否有区别等。苏宁对员工的培训工作，使得在 O2O 模式开启之后，实体店的运营都在有条不紊地进行，用户对苏宁的 O2O 购物体验评价也颇高。

3.1.3 社交媒体要为线上线下商店带来访问量

公司在社交媒体上，例如微博、微信，与粉丝们分享内容，需要多样性，要有适合不同媒体的表现形式，例如照片、视频 GIF 等。分享的内容需要能够定位到自己的产品以及服务。如在微博上就要选择一些不同的话题来吸引用户，如果公司有促销活动，也要及时在微博、微信、官网上保持更新。同时可以在不同地区的社交媒体上，发送一些具有针对性的内容，这样可帮助线上商店做精准营销。

苏宁各个地区的微博和官网经常会与用户做一些互动，并针对该地区的特点，发布一些针对性的内容。例如在北方地区，就会多发一些加湿器，雾霾口罩等信息。如图 3-2 所示。因为北方的天气干燥，加湿器的市场需求非常庞大。在南方地区，则是侧重干燥机、空调等方面的信息，因为南方湿度高，且没有暖气，所以如果发布这类信息，用户的兴趣会比较大。

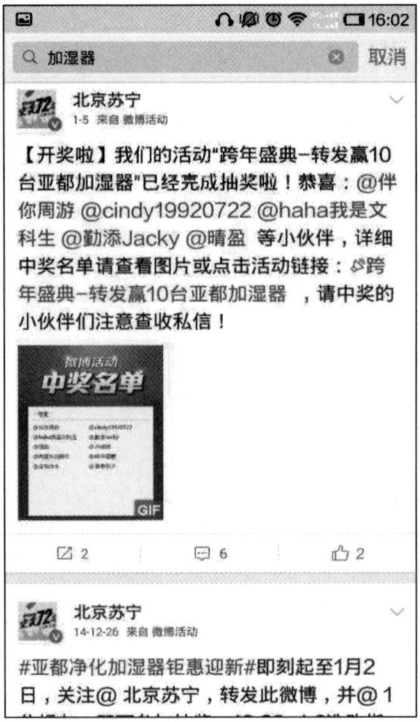

图 3-2 苏宁在微博上所做的宣传

总而言之，零售企业做移动 O2O，要记得线上和线下是一个环节，不能把它们孤立开来，要将它们的整体优势挖掘出来，例如移动 App 能随时进行门店查询、具有线下购买的优势等。这样才能为用户提供最好的服务，才能真正实现 O2O。

3.2 线上与线下无缝对接，让移动 O2O 更好玩

有人问，O2O 是不是只是一个噱头，这几年流行，过几年就不行了？很多人都认为 O2O 被炒得有点过火，但很多成功的案例都充分说明这不只是一个噱头，而是一种不断叠加、累积的强烈的化学效应，特别是移动互联

网和传统行业结合后产生的新效应更进一步证明了这一点。

为什么到了 2014 年，O2O 才变得这么火，而不是之前的 2013、2012、2011 年？原因在于移动端。2014 年 4G 逐渐普及，手机、平板电脑成为大部分人的首选，比 PC 端更方便、更随时的移动端，让线上线下实现了完美的无缝对接，带来了真正的融合。

前些年，用户都是在 PC 端订购产品，购物过程很难达到线上线下的对接。携程说它们才是第一家 O2O 企业，也没错，互联网早期 PC 端的线上线下也有一定的联系，但却没有实现无缝对接。不过携程早早解决了这个问题，通过移动 O2O，实现了线上线下的无缝对接，现在我们就来看看携程到底是怎么做的吧！

3.2.1 移动 O2O：携程线上线下的完美融合

携程的定位是旅游信息，而旅游中的用户更不可能随时都在 PC 端上查询自己想要的信息，所以携程最近一直在发展移动端，PC 端已逐渐被弱化。那么携程都是怎样在移动端实现线上线下完美融合的呢？

首先，机票 + 酒店模式。这种模式是目前自由行旅游的主要服务形式，但这种模式只是解决了用户最基本的需求。目前，这些需求较为简单，通过 PC 端就能做好。但在旅游中还有更多需求，一些旅客吃、住、行、购物的所有环节都需要在线预订或者交易，这是一个比较庞大的系统工程，而且旅游中的无数变数，也让用户无法通过 PC 端一次性解决。针对这个问题，携程推出了手机 App，让用户在旅游途中，能随时订购自己需要的酒店或者吃食。如图 3-3 所示。

其次，集中在景点票务的移动 O2O 模式。很多用户因为对于旅游地不熟悉，经常错过很多景点，又或者在知道该地有这个景点时到景点（区）却需排长队买票，无形之中浪费了许多时间。而因出门在外，使用 PC 端来购买也特别麻烦。针对这一现象，携程在手机 App 中增加了在线购票的功能。如图 3-4 所示。

图 3-3 携程手机 App 订票服务

图 3-4 携程手机 App 门票服务

最后，布局在美食模式。点击移动端的高端美食频道，系统就会直接以用户所在位置为中心，由近而远地陈列附近所有的美食地点，并在页面介绍中注明距离与返现的金额或者比例。同时，用户可以在左下方的“类型”中，便捷地选择餐饮类型，如中餐、西餐、自助餐等，还可更加细化为粤菜、川菜、火锅、烤肉等。

用户可随时通过移动端完成手机支付，将消费验证码交给服务员完成验证，成功消费后，携程官网还会将返现的金额打入携程的现金账户。

携程在移动端的布局，使 O2O 的对接更加完美，用户对 O2O 的体验也更加好。所以说，移动 O2O 模式比 PC 的 O2O 模式更加方便、简单、好玩。

携程在移动端布局不只是为了企业的商业发展，更是为了能满足用户的需求，用户希望在旅游时能以一种更快捷、简单的方式来满足自己的需要。因此，企业在布局移动端时，更要充分考虑这一点，看看如何做才能通过移动 O2O 实现线上线下的无缝对接。

打造自己的软件，布局移动端，需要庞大的资金和技术支持，这只有大型企业才能做到。那么小型商家如何打造属于自己的 O2O 模式呢？其实也不难。

3.2.2 确保一定的商家资源

想要做好 O2O ，就一定要确保自己有足够的商家资源。除了大众点评、口碑网站之外，一些全国性的大型团购网站同样积累了大量的商家，如美团网，糯米网。这类商家是 O2O 平台初期最核心的商家基础，因为很多用户都会通过这类网站来订购商品。所以对于中小型企业来说，加入该类网站，是最简单也最有效果的一种方式。

例如“真功夫”，它是一家连锁快餐企业。为了达到通过移动 O2O 模式为实体店引流的目的，它选择加入美团、糯米等团购网站，以团购优惠的方式吸消费者。如图 3-5 所示。

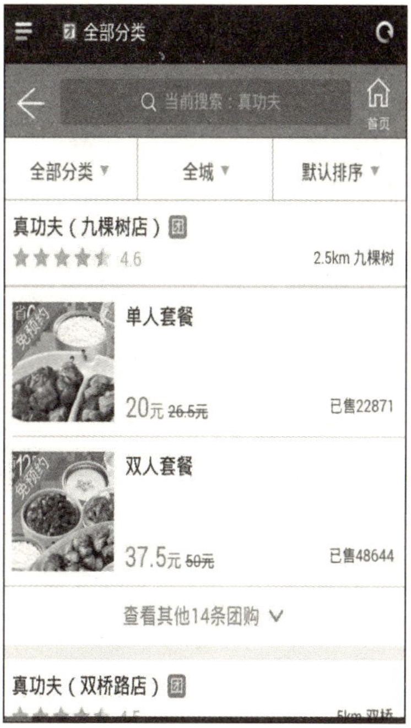

图 3-5 “真功夫”在美团网上的团购活动

3.2.3 确保线下的覆盖面够广泛

要想玩好移动 O2O 商业模式，还要确保线下实体店的覆盖点够密集，特别是那种线上购买线下消费的移动 O2O 模式。例如用户在街上逛街，突然觉得想要吃饭，用手机在线上购买某个餐厅的优惠餐，那么这个餐厅就要在用户可以快速到达的范围内，否则距离太远，用户就会放弃购买。

“真功夫”的覆盖点很密集，基本上覆盖了城市中主要的街道和百货商场、购物中心，所以消费者如果想吃“真功夫”的食物，通过手机订购，都能立即吃到。如图 3-6 所示。因为有一定的覆盖面，所以“真功夫”的移动 O2O 模式的效果非常好。

图 3-6 “真功夫”手机 App 的点餐功能

总而言之，无论是大型企业还是中小型商家，要想玩好移动 O2O，就要确保自己具备实现线上线下无缝对接的条件。例如自己打造软件，或者加入一些网站。

3.3 移动 O2O 做的就是个性体验

现如今，O2O 模式已经在传统企业加大线上投入、互联网企业线下渗透的两面运作之下打造出了一个雏形，所以将 O2O 模式转移到 PC 端已容易许多。不过与 PC 端相比，移动 O2O 更重视个性体验。

企业以个性体验作为移动 O2O 的战略，需做到 3 点。第一，对企业的内外部情况进行分析，包括用户的喜好、兴趣、价值观以及影响他们的社会亚文化。第二，考虑自身产品的质量和功能是否符合用户的要求。第三，考虑自己的合作伙伴、竞争对手以及整个市场的情况。做好这些基础数据的分析，才能做好移动 O2O 的个性体验。

泰笛洗涤是一家颇具规模的洗衣连锁店，在 2014 年发展非常迅速，7 月获得元禾原点机构的数千万元 A 轮投资，现在每天的订单量是原来的 3 倍，已成为上海地区最具市场规模和品牌认知的在线洗涤企业。现在我们就来看看泰笛洗涤是如何做到这些的吧！

3.3.1 泰笛洗涤 App，在手机上也能洗衣

为什么泰笛洗涤能发展得如此迅速？泰笛洗涤做的是手机 App 的在线洗涤服务，24 小时提供免费收送服务，用户只需要通过 App 用语音一键下单，便可得到所需要的洗涤服务。可以说该企业的运营方式就是典型的移动 O2O 模式。

但利用 App 做洗衣的企业也非常多，为什么泰笛能这么火？因为它的作为符合移动 O2O 的本质，就是个性体验。

泰笛原来的流量都是来自于网页、400 电话以及微信端，但是后来泰笛将这 3 个全都减去，只留下 App，因为它考虑到用户对于产品的要求并不是

越多越好，而是能有更加简单快捷和个性化的体验感，移动端正符合了用户这一需求。

为了给用户更好的个性体验，也为了能更好地工作，泰笛直接跳过了设立中央洗衣工厂这一环节，把重心放在物流服务上，并将它作为自己与用户之间的连接渠道。泰笛对于物流中的收送细节把控得非常严，只要用户有一点点不满，泰笛都会对之进行改进，每一个细节都是基于用户的需求和体验。例如线上洗衣，用户最烦恼的就是在收、送间发生衣物丢失、损坏、脏污的情况。为此，泰笛推出了一对一的个性化服务，根据用户的需求收送洗涤产品，用户也能根据自己的信任和喜好选择收送的服务人员。为此，泰笛还对物流人员进行专门培训，形成一套标准化服务流程，以减少每个环节的错误率。

泰笛 App 设想的场景就是用户不会因为时间、空间的限制，只要有洗涤需要，就能在泰笛 App 上享受到该服务。事实证明，泰笛也确实做到了这一点。用户只要对着 App 说："我要洗衣"，如图 3-7 所示，泰笛就会在接单后在用户设定好的时间内派遣物流人员上门收衣。完善的物流服务和标准化的操作流程可以保证用户得到良好体验。

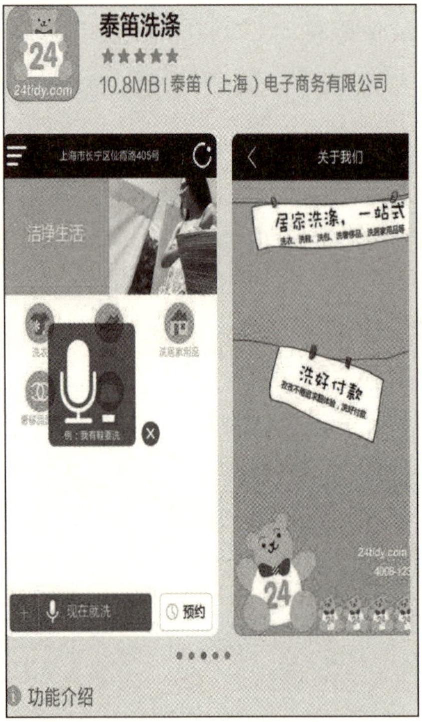

图 3-7 泰笛洗涤

从市场的角度来分析，越来越多的用户接受了泰笛洗涤移动 O2O 的模式，但随着移动 O2O 的发展，用户对在线洗衣的个性化需求也会越来越多，所以企业也要不断改进自己 O2O 模式的个性体验。

3.3.2 通过数据分析打造属于自己的个性体验环境

要打造一个个性化的 O2O 环境，中国企业还有很长的路要走。在努力的过程中，要先细分 O2O 领域，寻找个性化的应用场景，然后收集在这一场景下的用户个性数据，进而对这批个性用户进行综合分析，只有这样，商家才能打造出一个属于自己的个性体验环境。

去哪儿网就打造出了区别于艺龙、携程的个性体验环境。打开去哪儿网的 App，可以发现其中有很多项目，比如住宿这一项，除了酒店，还有公寓和钟点房可供用户选择。如图 3-8 所示。这就是去哪儿网通过数据分析得来的用户在旅游时所产生的不同需求。除此之外，还出了一个名为“骆驼书”的项目，这个项目是网站为用户专门打造的攻略指南。例如曼谷购物、普吉岛、大溪地各大旅游景区的攻略。如图 3-9 所示。用户只要根据自己的需要在手机上下载文本就可以了，只需要看自己有需要的部分，而不像传统旅游攻略书那样厚厚的一本，且不分重点。这种攻略电子书籍，就是去哪儿网为用户打造的个性体验。

图 3-8“去哪儿网”手机 App 的个性服务

图 3-9 “去哪儿网”骆驼书

3.3.3 在用户消费过程中增加个性体验

要想做好 O2O，企业不要孤立地设计一个产品，而是要通过各种手段和途径创造个性化的服务以增加用户对产品的好感。同时，也要随着社会消费文化流行趋势，去思考用户所代表的价值观、消费观。因为商品严重同质化，在产品功能无法分出高低的情况下，用户在消费过程中的体验就成了增加满意度和品牌忠诚度的关键因素。因此，如果要增加用户的好感，就要在每一个环节上用心且细心对待，除了要让用户满意，还要让用户感受到品牌的个性，这样才能加深印象。

去哪儿网在这一点上就做得很好。到北京旅游的用户，除了可以通过去哪儿网购买门票，还可以在上面订购近日歌手演唱会的门票，让用户在旅游的过程中，也可以得到看偶像、看演唱会的惊喜。如图 3-10 所示。

图 3-10 去哪儿网演唱会门票订购

总而言之，想做好移动 O2O，首先要做好个性体验，个性体验是让用户记住品牌，成为黏性用户的关键点。

3.4 导购智能化实现移动 O2O 新体验

什么是 O2O ？万达集团的老总王健林是这样理解的："O2O 是线上线下相互融合，提升消费的新商业模式。有 4 个关键词：移动互联网、线上线下融合、提升消费、新商业模式。这 4 个关键词的核心就是促进消费。"从王健林的话中，我们可以看出 O2O 已然是销售的新模式和新方向，同时也是企业黏住用户的一把利器。

在移动O2O大行其道的今天，让O2O得到进一步发展，并火热爆发的是导购智能化。无论哪家企业，如果想通过移动O2O来提升自己的业绩或者黏住用户，那么首先要给用户提供一个移动导购，例如手机App。这个App要足够的简便，最主要的还是要足够智能。有了智能化的导购才能进一步提升用户的移动O2O体验。那些成功实现移动O2O体验的企业都能做到这一点，比如万达。现在我们就来看看万达是如何做到的吧！

3.4.1 无线网络全覆盖，手机就可以逛万达

万达是可以说是移动O2O模式的先行者。想必去过万达广场的用户都知道，免费无线的标识随处可见，这一点是多数商场做不到的。无线需要投入的资金并不少，特别是像万达这么大的商场，需要覆盖到每一个角落，并且还要保证网速，这对万达来说并不是一笔小的投资。为什么要布下这一局呢？这是因为，万达要通过无线来捕捉智能手机用户的信息和最终的消费行为，通过对用户行为的分析，在移动端为其推送所需的优惠信息，最终达到精准营销的目的。

在全面推出免费热点的同时，万达也推出了App“逛万达助手”——万汇，这款App的推出进一步提升了用户的购物体验。它不仅是一张可以享受积分打折等优惠的电子会员卡，还可以记录下用户消费行为，为万达分析用户消费行为提供依据，包含了美容的客流量、用户的消费偏好等等。如图3-11所示。

图3-11 万汇

万达利用这个软件为用户提供了极致的购物体验，比如当发现20%~30%的用户会到优衣库或者麦当劳消费时，万达就会联合这两个商家进行叠加的促销活动。在午饭时间，为还在商场购物的App用户推送某家餐厅的优惠套餐。针对情侣和夫妻，万达还推出了逛街、吃饭、看电影的长链条消费优惠等。

同时万汇 App 还提供了找车位、室内导航、基于地理位置提供店铺信息等功能，全面提升用户的购物体验。

万达这种通过线上对线下用户进行消费指导的全新移动 O2O 模式，得到了用户的广泛好评，以餐饮为主的团购活动也因此获得很多收益。其实，万达广场这款 App 的成功之处，就是因为它导购功能强大，不但做到全方位的智能化，还能为用户提供最精准的信息。

其实利用 App 做导购来引导用户到店内消费或者提升用户体验的做法，在移动 O2O 领域早已屡见不鲜，但不是每个企业都能像万达一样得到好评。那为什么万达能成功，而它们却失败了呢？这是因为它们忽略了以下几点。

3.4.2 不能同步商场信息

随着购物中心的不断增多，各大企业之间的竞争也越来越激烈，商场内的店铺变动也越来越频繁。有些企业在推出导购软件时，却不能及时更新这些发生变动的店铺，因此用户的体验也就跟着下降。

但天津大悦城的导购 App 却能做到信息实时同步，无论是商场成员的变动还是各个商铺新推出的优惠活动，App 都会及时为用户送上信息。如图 3-12 所示。

图 3-12 天津大悦城手机 App

3.4.3 商家用户交流互动体验差

很多企业推出的导购系统最致命的一点就是无法互动，商场只是单向地向用户推送信息，却不能收到用户及时的反馈，更无法记录用户的行为。

但天津大悦城的手机 App 却能将最基础也最全面的导购信息展示给用户，且呈现为生动的导购模式。商场通过 App 与用户进行互动，收集用户的反馈，并通过观察和记录用户在 App 上的操作，研究他们的消费习惯和需求点，从而为用户带来更好的购物体验。

随着移动互联网的发展，越来越多的线下企业开始互联网化，商场内的导购、会员服务、促销活动也是如此。它们正通过更加智能化的导购来提升用户的购物体验，让自己的移动 O2O 模式得到更好的发展。

3.5 多方快捷支付加速 O2O 步伐

某些购物平台兴起如此迅速，部分在于其在支付方面的选择，就像是唯品会。唯品会刚一上线，就为用户提供了多种快捷支付方式，如网上付款、支付宝、微信支付、货到付款等。多样化支付方式，让用户不必因为支付而发愁。

企业想要做好 O2O，也要像唯品会一样，为用户提供多种快捷支付方式。用户到你的网店买东西，如果你只能提供支付宝在线支付，而用户恰恰没有支付宝，只开通了微信支付，那么用户很有可能会因为支付流程而放弃这次购物行为。如果你的支付方式非常少，那么你 O2O 的发展肯定也会受到限制。所以，从中我们可以看出，为用户提供更多、更快捷的支付方式对于企业 O2O 模式的运营有多重要。

新世界时尚百货也打破了以往的藩篱，开始进军 O2O，现在我们就来看看它是如何做的吧！

3.5.1 新世界百货开通手机支付，加速 O2O 试水步伐

新世界时尚百货为了加速 O2O 试水的步伐，第一件做的事就是开通手机支付。开通手机支付后，用户在百货公司购物时，不仅可以使用现金和 POS 机消费，还可使用手机支付。也就是说，新世界时尚百货的用户购物时，连钱包都可以不用带，只需要一部手机就足够了。用户通过淘宝手机客户端或者支付宝钱包客户端就可完成消费。虽然这一模式只是代表着新世界百货进入移动互联网时代 O2O 最基本的一步，但也是很重要的一步，它打破了以往实体与电商的藩篱，开始往移动 O2O 模式迈进。如图 3-13 所示。

图 3-13 新世界百货官网

为了加速O2O试水的步伐，新世界为此还专门推出了一个“年中分红巨划算”的活动，分别在北京阜成门、安贞、五道口、朝阳北路4家百货门店展开。用户只要在规定时间内关注“新世界时尚百货”微淘，就能以60元的价格换购100元百货购物券。同时，用户如果使用手机淘宝客户端或支付宝钱包客户端线下购物支付成功，还有机会参与支付宝抽奖送红包的活动。

此次新世界时尚百货联手支付宝发力移动端购物支付，是其首次进军O2O 的尝试，使不断流失的线上客户能够回到线下消费。

移动支付已成为一种潮流，也是 O2O 必备的一环，所以，企业要使自己快速进入 O2O 模式，那么首先要做好的就是移动支付这一环。

3.5.2 支付工具进化，支付方式多选

支付宝、微信支付、二维码支付、货到付款、当面付、一起AA都是移动支付的一种，企业应该做多方准备。就像是二维码支付，二维码支付发展到今天，已经更新了好几个版本。支付宝原有的“悦享拍”也变成了“扫一扫”，点击进入后就可扫描二维码或条形码进行支付。“当面付”和“一起AA”也能为企业和用户解决支付过程中出现的即时性和分配不均

等具体问题。多种支付方式完善了全民O2O 的链条，用户支付更加方便快捷，企业从O2O模式中获益也更大。

京东商城就引进了多种支付方式，除微信支付，货到付款也是很受欢迎的一种支付方式。因为网站主打电子类产品，客单价较高，而且用户对货品质量的要求非常严格，为减少纠纷，同时减少实物与预期相差悬殊而产生的差评，京东商城推出了“先验货再付款”的支付方式。如图3-14所示。这种支付方式获得不少用户的好评，他们也因此更加放心地在京东商城购买商品。

图 3-14 京东多种付款方式

3.5.3 选择第三方支付，降低交易风险

目前，大多数电商都选取第三方交易平台作为支付的中介，这样既能让用户放心，也在一定程度上降低了交易的风险。

就像是美团网，它利用第三方支付平台财付通降低交易风险。买家在美团网下完订单后，就可直接通过银行卡支付，钱款自动由财付通代为保管，在完成交易后，财付通会将钱打入美团网商家。在退款时，美团网也为用户准备了两种方式，一是直接将钱退至美团网账户，二是将钱退至财富通账户。如图 3-15 所示。

图 3-15 美团网退款流程

财富通为买卖双方搭建了一座桥梁。在交易过程中，用户的信息只会被财富通记录，而无需告知每一个收款人，降低了用户信息泄露的风险，同时也减少了一些退款纠纷。

现在用户已经习惯使用在线支付，企业要做 O2O 模式，就要多构建一些在线支付渠道，这是促进移动 O2O 模式发展的基础。

第4章

缺少创意的产品，死在今天

移动互联网时代是一个脑力大激荡的时代，创意的重要性已经上升到了能直接决定企业生死的程度。当用户对每件事情、每个事物都已见怪不怪，无法产生惊喜时，如果你能在旧有的事物上融入一些创意，那么激起的浪花肯定不小。就像是现在的软文，早已不像过去只满足于产品的介绍，一个比一个更有创意的标题、一项比一项更逗趣的内容，让用户不只记住了产品，更沉浸在这些创意十足的表达上。在移动互联网时代，只有一句话：“无创意，死！”

4.1 全世界都向左走，你必须要向右走

移动互联网时代的人大都有“标新立异”的思想，他们不随大流，不从大众，喜欢一些个性且与众不同的东西。因此，企业要想抓住喜欢“标新立异”不随大众的新新人类，就必须具备创新思维，能走一条不寻常的路。

创新是企业在移动时代必须具备的生存基因。技术和功能已经不是产品在这个时代能否成功的主因，大多数产品的功能都非常相似。就例如手机，每款手机的功能都差不太多，山寨市场一夜之间就能造出一百款手机，而其中的差别只是价钱高低和质量而已。这种现象，说明企业要突破雷同产品的重重包围，要让用户在千千万万的产品中注意到你，就要有足够的创新能力，具备当“全世界向左走，你必须要向右走”的创新精神。

“野兽派”在这一点上就做得非常好，虽然它只是一家小小的花店，却把这种创新精神发挥到了极致。现在我们就来看看，它到底都具备了哪些创意吧！

4.1.1 “野兽派”不走寻常路

在全国的潮流花店中，“野兽派”这个名字让人感到十分的另类。如图4-1所示。因为花总是让人感到各种的浪漫、柔情、高端，怎么会和“野兽”扯上关系呢？这又不是电影《美女与野兽》。野兽派的创始人偏要反其道而行之，谁说花和野兽扯不上关系的，他偏要让人看到野兽和花到底有什么关系。他的选择没有错，这个另类的花店名字果真吸引了不少人的注意，有些人是好奇野兽派到底是什么东西，有些人则是被这个颇具创意的名字所吸引。

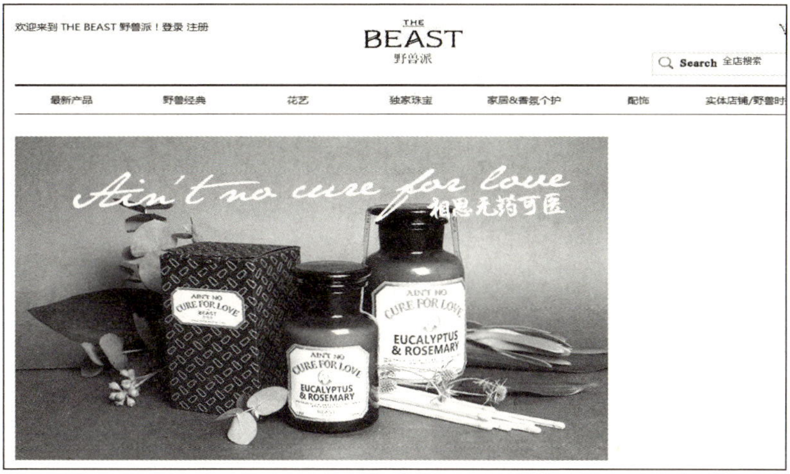

图 4-1 “野兽派”

当然，“野兽派”之所以能成功，靠的不只是它的名字，更是其独特的营销方式。从 2011 年创办初始，区别于其他的传统花店，对来自网络预约的客户，野兽派总会为对方送上独特的花束。

大多数的花店，都是用户到店内选花，花店为其包装好即可。但野兽派除了为用户送上独特的花束，包装也是独具特色的，而且还会根据用户的需求、故事、心情来创作专属的花束。如图 4-2所示。

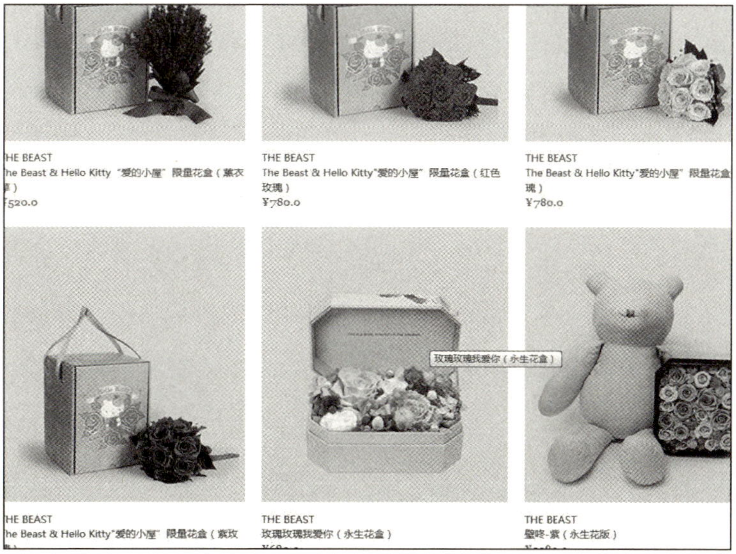

图 4-2 “野兽派”独特的包装

例如2012年父亲节，野兽派通过微博发起“给爸爸的信”话题，野兽派为用户挑选独特的花送给父亲，同时在花束中附上一个漂流瓶，写下用户想对爸爸说的话。店主对此的解释是：“很多朋友都认为，对母亲撒娇是一件很容易的事。但对于父亲，很多情感都显得难以表达，所以花店可以为用户代写想对父亲说的话，放入特别定制的漂流瓶中。”这种与传统花店不同的情感营销路线，确实为野兽派吸引了不少粉丝。

野兽派花店这种创新的精神，这种不随大众、不走寻常路的另类营销方式，为其赢得了很多用户的认可，现在这个花店的粉丝已达到数十万名。

在移动互联网时代，随波逐流，做一些谁都能做的事，是无法成功的。马云曾说过：“很多传统企业之所以触网身亡，就是因为它们不敢改变，没有个性，不敢创新。”确实，只要企业能把握住互联网的创新思想，“玩”出个性，“玩”出与众不同，就一定能成功。当然，想要让自己的企业有创新精神，让自己的产品独具创意，也需要一些方法。

4.1.2 产品要与众不同，不走寻常路

移动互联网需要创意，在某种意义上说，越与众不同的东西，越能引起关注。因此，企业利用移动互联网做产品或者做推广时，也要与众不同，不能走普通大众路线。

苹果为什么能火，是因为其外形时尚、性能出众，与其他手机有着巨大的差别。如图4-3所示。所以人们才能很快注意到它，并为它所痴迷。苹果的成功无疑让人看到了创意的重要性。在存在各式各样手机的市场，只有创意与众不同才能得到用户的青睐，为此，其他手机品牌也纷纷推出自己的个性款手机来吸引人们的注意，例如小米、魅族、华为等。

图 4-3 苹果各种机型

4.1.3 移动互联网营销需要创新精神

企业在做营销时，如果只是按部就班或学习和模仿那些被使用了无数次的方式，也许你不会失败，但绝对无法引发效应和轰动。所以，在移动互联网营销中，需要创新精神，才能吸引用户注意，产生围观效应。

许多企业在为产品做推广时非常卖力。为了吸引用户的注意，许多奇特且前人不曾用过的招式都使了出来，就像是小米手机的饥饿营销和无中间商营销。它的推广方式不但独特，而且因为没人试过，并不被看好。但雷军偏偏是那种“全世界都向左走，我偏向右走”的个性，结果他真的成功了。

无论是传统商业时代、互联网时代还是移动互联网时代，如果你的产品、你的营销方式不够创新，没有创意，那么你必败无疑。因为无法给用户留下深刻的印象，用户无法记住你，也就不会优先选择你的产品。

4.2 标题内容个性激昂才能让用户兴奋

移动互联网不是一个简单的概念，企业如果想在这个时代有所发展，首先需要的就是吸引用户，而吸引用户的根本是什么呢？是标题和内容。

什么样的标题和内容才能吸引用户的注意呢？个性激昂的标题和内容才能吸引用户，才能让用户兴奋。就像你使用软文为自己的产品做推广，如果标题不够个性，没有吸引力，那么怎么让读者第一眼就看到你；如果你的内容不够个性，没有内涵和态度，又怎么让用户兴奋起来。

标题和内容是不可分割的一体，一篇文章不但要有好的标题，也要有好的内容，两相结合才能牢牢绑住用户，才能实现你的最终目的。这就像是我们去一家服装店买衣服，这家店装修得很豪华，各种设施很到位，价格也算公道，但你却空手走出了店门。这是为什么？是因为这家店的衣服款式老套，颜色单一，无法得到你的喜爱。也就是说，内容不够有个性。反之，一家服装店也许款式新潮、颜色很多、很符合你的口味，但是你却从未走进去。因为它的店面看起来陈旧又老气，一点都没有服装店的个性。也就是说，标题不够个性，所以才无法引起用户的注意。

这就是个性的影响力，无论你的技术再完善，广告做得再多，假如标题和内容不够有个性，就无法吸引用户的注意，无法让他们的情感在死气沉沉的老套广告情节中复活。因此，在移动互联网时代，标题和内容的个性化是广告的重要部分。

太平洋咖啡就是通过个性内容营销，来吸引用户达到自己的销售目的。现在我们看看它是如何做到的吧！

4.2.1 玩的就是不一样，太平洋咖啡的个性营销

太平洋咖啡是美国西雅图一对夫妇建立的美式咖啡连锁品牌。最早的时候，它与星巴克一样，都是为白领一族服务。但随着分店的增加，该品牌就开始思考是否要扩大规模，寻找更好、更宽广的营销道路。

于是太平洋开始走O2O路线，为用户提供线上预定、线下体验的新消费模式。不过，实施前期太平洋咖啡因为将重心放在广告上，忽略了内容，效果并不理想。后来，创始人总结教训，认为O2O模式不单要将表面做好，还要将内容做好，要做出有特色的内容才能吸引用户。

2013 年，微信营销火爆移动互联网界，太平洋咖啡认为内容营销在微信上可以得到更好的效果。于是迫不及待地加入到了微信营销的行列，实现了完美的 O2O 营销闭环体验。

为了使自己的内容区别于其他咖啡厅，以个性化的服务吸引用户，太平洋咖啡还不断地更新服务内容，在微信客户端中推出了“卡路里计算”这一服务性的工具。想要减肥的用户，可以通过该工具查看不同口味的咖啡所包含的卡路里，从而选择出最适合自己的咖啡种类。同时，用户还可在“附近门店”查找离自己最近的店址，这极大方便了用户的线下体验。如图 4-4 所示。

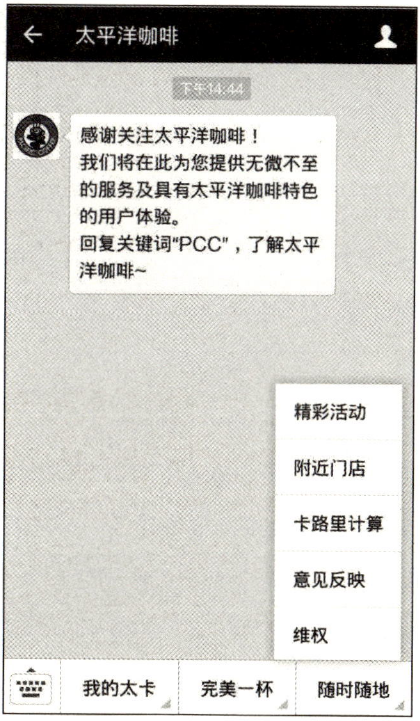

图 4-4 太平洋咖啡相关服务

在太平洋咖啡馆中，还有一个“完美一杯”的个性板块。用户在里面可以看到多种服务，例如“当季特饮”“查询订单”等，全面满足用户的各种需要。如图4-5所示。太平洋为了能让自己的微信客户端更加个性，更有吸引力，还会不时地举办各种活动，例如情人节的“表白换福利”“银行卡优惠”。这些新意十足的优惠活动，都为太平洋咖啡积累了不少的人气。

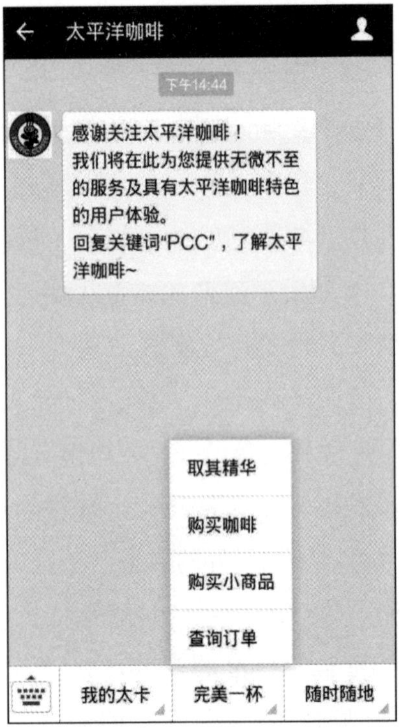

图4-5 太平洋咖啡相关服务

从太平洋咖啡店的案例，我们就可看出企业在做营销时，个性化的内容有多重要。仅靠广告、技术设置这种表面的“标题”是不够的，最好是“内容”和“标题”都做到个性激昂，这样才能全方位地抓住用户。

4.2.2 过硬的产品展示是个性营销的基础

一个企业如果没有好的产品和服务，那么何谈内容营销，何谈个性营销？企业无论是通过哪个渠道、要用什么样的创意为自己的营销加分，都应该以产品为前提。产品的展示包括产品服务的多样性、产品功能的齐全性等。如果企业的产品不过硬，那么这些个性、内容营销就是个花架子，用户一试就知底细。

就像是支付宝在微信推广的那些文章，无论其标题多么跟得上潮流，多么让人眼前一亮，内容表现多么逗趣新颖，多么个性十足，都是以过硬的产品展示为前提的。如图 4-6 所示的一篇名为《到位——让世界没有陌生人，6 月 30 日不见不散！》的文章，可以看出标题和内容展示都个性十足、非常吸引人，与其他微信营销软文有很大的差别。它在展示自己的个性时，也是以展示产品的内容为前提，充分向用户展示了 Alipay X Lab 发布的社交金融大数据系统“到位”。

支付宝

到位--让世界没有陌生人，6月30日不见不散！

2015-04-01 支付宝

你会不会有这样的时刻：受伤了想要一个安慰的拥抱，哪怕是咖啡厅隔壁桌的陌生人；在商场三楼男厕第二个隔间疯狂渴望卫生纸......

Alipay X Lab今天正式发布了一套社交金融大数据系统“到位”（Alipay Everywhere）。你的窘迫和慌乱都可以通过它来得到化解。每个人都可以在“到位”中发布个性化需求,借助由芝麻信

图 4-6 支付宝微信软文

4.2.3 个性广告要噱头，也需要真实体验

企业想要让自己的广告得到好评，吸引用户的关注，噱头肯定是不能避免，噱头大了才能有个性、有市场。但制造噱头的同时，也不要忘了给用户一些真实的个性体验，这样才能真正打动用户。

就像是锤子手机，从 2013 年下半年就开始做广告，预告很快就要上线。然而一直等到 2014 年 5 月 20 日才推出。如图 4-7 所示。刚开始用户都被罗永浩个性十足的广告所吸引，但在长达一年的等待中，用户并没有得到真实体验。等到锤子手机出现时，用户早已失去了当初的热情。锤子手机上市后，罗永浩信心满满地说 50 万部就可收回成本，这种销量根本不是问题，但仅仅上线 4 个月，这个宣称“降到 2 500 元以下，我就是你孙子”的罗永浩宣

布降价了，一降就是近千元，从最初的3 000多元，降到2 000元左右。是什么让罗永浩改变这么大，自己打自己的脸？就是因为粉丝等待时间过长，对产品失去了热情，罗永浩的600万粉丝没有变成销量。由此可知，在推行个性营销的同时，给予用户真实的个性体验有多么重要。

图4-7 锤子科技 SAMRTISAN T1

4.3 打造一个小而美但却新意无限的手机王国

在手机所代表的新移动互联网时代里，以计算机为代表的互联网时代的“大而全”理论早已不适用。移动互联网时代讲究的是小而美，什么是小而美？传统概念上的小，是指规模小、客户群体小、销售额小。而移动互联网时代的小而美指的是规模相对小，但市场划分更精细，行业细分、客户群体精准定位，但销售额较大，利润也更高。

移动互联技术为“小而美”提供了技术基础，那么企业如何依靠这个技术来打造一个小而美又新意无限的手机王国呢？在手机上开个微信、开个微博，就叫移动互联网化？就叫有新意了？当然不是，而是要针对自身特点和需求，利用移动互联技术来对身边的资源进行有效整合。

手机应用最明显的特征是什么？当然是各种各样的 App 软件。过去一年是 App 神话的一年，也是神话破灭的一年。就像一款名为《疯狂猜图》的移动游戏。这个游戏的研发团队当初只有 4 人，成本才 10 万元，研发周期为 50 天，但推出后，一天时间就获得了 30 万用户。只是好景不长，没多久这个 App 神话就消失了。

疯狂猜图的案例警示我们，如果想通过 App 软件塑造一个手机王国，单靠营销是不够的，产品还要符合小而美、有新意的特点。“一夜删”成为大多数移动游戏的噩梦。例如“捕鱼达人”“我叫 MT”等，这些知名网络游戏都遭遇到了这样的问题，都经历了“忽如一夜春风来，千树万树梨花开”的盛况，又一夜之间销声匿迹的惨淡。

不过虽然有很多失败的 App 案例，但也有许多 App 软件避开了这种情况。搜狗旗下的各大软件就是其中之一，而它们之所以能避开，就是因为具备了小而美、有新意、有个性的特点。

4.3.1 小而美、有新意更有个性的搜狗软件

除了手机输入法之外，搜狗还有号码百事通、手机地图、语音助手、手机浏览器等产品，这些大多都不带有 PC 血统，但是却延续了搜狗在 PC 系统积累下来的好口碑。搜狗地图 App 拥有超过 4 200 万的用户数量，稳居行业前列；搜狗号码百事通的下载量也达到了 5 000 万的有效数据。依靠过人的实力和口碑，搜狗在手机端形成了从文字输入、通话管理、地图服务、语音引擎到浏览器的领先布局，也让搜狗成为业内拥有产品线最多、发展势头最好的手机王国之一。如图 4-8、图 4-9 所示。

图 4-8 搜狗旗下各大手机软件

图 4-9 搜狗旗下各大手机软件

搜狗的产品为什么能火，除了“搜狗”这个知名品牌傍身之外，其小而美和极大的创新能力，才是它们能打造出属于自己的手机王国的原因。

搜狗的创新立足点非常小，并不要求大而全，且拓展性极强，这是搜狗在 App 创新上的核心诉求。例如搜狗号码通，说白了就是一个电话黄页，但它一上市，就获得了网民参与共同建立的 5 000 万条电话记录的数据库，且依靠这些数据实现了小而美的功能。由用户参与建立的方式也体现在其产品运用过程的创新能力，而这种创新能力正是网民会积极参与建立号码百事通的原因。号码百事通的推出不仅为用户解决了骚扰电话这个头疼的问题，还能帮助用户查询“衣食住行”等各种生活中实用的电话号码，这是有别于传统电话黄页的一次创新之举。如图 4-10 所示。

图 4-10 搜狗号码通

小而美和新意在搜狗的 App 中得到了完美的融合，而最为关键的是，这两种特性不是停留在搜狗的一两款软件上，而是每款产品都有，搜狗也因此形成了自己独特的手机王国。

从搜狗的案例中，我们可以看出，作为一个创新型公司，如果无法在所在领域保持自己绝对的创新优势，那么肯定会成为公司的致命伤口。

那么其他企业如果想要打造自己的手机王国，应怎样做才能避免自己的 App 被一夜删除，能做到如搜狗一般的成功呢？总的来说，有以下两点是必须要做到的。

4.3.2 App 的开发求美不求大

很多 App 开发出来后，大家会发现一个问题，各个企业似乎想把自己的软件打造成百科全书，各种功能都有，但实际上实用性却不强。这是 App 最致命的缺点，企业要开发多个功能，除了会增加开发的费用，还会因为无法专心做一个功能，从而使自己的软件没有一个能超越别人或让用户记住的核心功能。像这样的 App，用户自然会将它一夜删。

美图秀秀为什么能在众多修图软件中脱颖而出，且经久不衰，就是因为它不追求大而全的功能，而是将一个功能开发到极限。如围绕修图的就有智能美容、磨皮美白、祛斑祛痘、瘦脸瘦身。还有各种场景，如都市风、可爱风、自然风等各种唯美画风供网友选择。如图 4-11 所示。不仅如此，美图还推出了海报设计功能，用户可以将自己的照片设计成各式海报。如图

4-12 所示。美图还推出了许多小功能，这些功能都是围绕修图而开发出来的。

图 4-11 美图秀秀场景功能

图 4-12 美图秀秀海报功能

4.3.3 App 的功能可以小但要有创新性

打开那些长期霸占在热门版的 App 软件我们会发现，这些软件的功能非常单一，而且所有的功能都是围绕着自己的核心功能来运转。可是它们功能虽单一，但却让人感到新意十足，非常有趣。而且，这些软件没多久就更新一次，每一次更新都有一个新的创意亮点出现。

就像是“美拍”，这个一经出现就轰动手机端的软件，不仅受到普通网友们的欢迎，更是大明星们的心头好。如图 4-13 所示。

这是一个视频拍摄软件，与其他拍摄软件不同，它只做视频，虽然功能单一，但开发者却围绕着这个功能做了很多创意开发，让使用者倍感新鲜。用户可以将自己拍摄的视频根据美拍提供的场景，制作成具有 MV 效果的唯美视频，不但画面漂亮而且还带有应景音乐，让一个普通的视频瞬间变得高大上起来。这是以往的拍摄软件所不具备的。操作的过程也非常简单，美拍提供了一键傻瓜式操作，无论对软件多么陌生的人操作起来都不会感到困难，而且它还可分享到微博、微信、QQ 等社交软件上，与朋友们一起互动。

除了设置 MV 场景，美拍还推出了“表情文”，用户可以在照片中添加语音和表情，还有智能剪辑，让用户自由剪辑自己想要的视频短片，还有快进手法，让用户像看电影一样可以自由快进和后退。如图 4-14 所示。

图 4-13 美拍

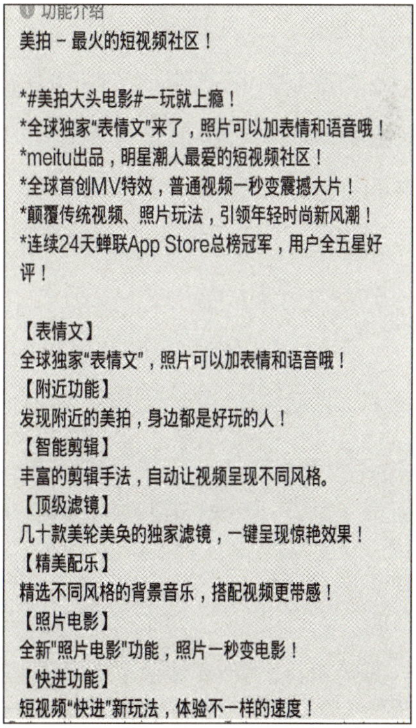

功能介绍

美拍 - 最火的短视频社区！

*#美拍大头电影#一玩就上瘾！
*全球独家"表情文"来了，照片可以加表情和语音哦！
*meitu出品，明星潮人最爱的短视频社区！
*全球首创MV特效，普通视频一秒变震撼大片！
*颠覆传统视频、照片玩法，引领年轻时尚新风潮！
*连续24天蝉联App Store总榜冠军，用户全五星好评！

【表情文】
全球独家"表情文"，照片可以加表情和语音哦！
【附近功能】
发现附近的美拍，身边都是好玩的人！
【智能剪辑】
丰富的剪辑手法，自动让视频呈现不同风格。
【顶级滤镜】
几十款美轮美奂的独家滤镜，一键呈现惊艳效果！
【精美配乐】
精选不同风格的背景音乐，搭配视频更带感！
【照片电影】
全新"照片电影"功能，照片一秒变电影！
【快进功能】
短视频"快进"新玩法，体验不一样的速度！

图 4-14 美拍上的各大功能

总而言之，企业如果想打造出一个属于自己的手机王国，首先就要从 App 入手，而 App 的开发绝对不能少了小而美和新意这两个特质。

4.4 超出用户期望才能激发用户好感

一款产品是否有创意，就看它是否能给用户带来惊喜，是否能超出用户的期望，这样才能激发用户的好感，用户才会心甘情愿成为企业或者产品的代言人。

在过去，我们经常说广告、促销、渠道这类东西，这些都是信息不对称下的产物。用户无法了解到其他相关的信息，所以对于你给出的产品信息只能被动接受，这款产品是否有创意他们不得而知，这款产品是否好用他们也不得而知，所以也就无所谓对产品感觉的好坏。但在移动互联网时代不同，如果用户无法从你的产品中感受到你给他的价值，他是不会对你产生好感，从而为你免费传播的。所以，在互联网时代，体验变得比任何事情都要重要。

那什么是体验呢？如果说你给用户提供了一个正常的产品，产品的功能正常，价值也正常，这个并不叫体验。体验是指你的这款产品设计得非常有创意，也具备一些独特的价值，超出了用户的期望，这才叫体验。这种体验才是激发用户好感的、能给企业带来正面推动力量的好体验。

有时候，给用户一种超出期望的体验，并不是说为用户提供多昂贵的服务，有时也可以如上文所说的依靠创意，一款有创意能给用户带来惊喜的产品绝对比一款有钱就买得到的普通产品更能激发用户的好感。

乐蜂网的创意一直为业内人士津津乐道，乐蜂网也通过令人惊喜的创意获得了不少用户好评。现在我们就来看看，乐蜂网是如何做的吧！

4.4.1 乐蜂网创意营销，双十一“脱光”利润

2012 年双十一期间，各大电商纷纷推出了各种各样的促销活动，用户对这种“每逢假日必打折”的促销活动早已见怪不怪，所以无法激起更多的

购买欲，只有对价格比较敏感或者有需要的用户才会购买。但是此时，有一家企业格外吸引人注意，用户对它的好感度爆棚。原来是乐蜂网，它推出了一项名为“脱光利润，乐蜂网盛女节”的创意营销活动，口号就是“脱光”。乐蜂网的“脱光”有两种意思，一是把假货和利润脱光，二是单身男女的“脱光”，意思是用户到乐蜂网买化妆品、买服饰，把自己打扮得更帅、更漂亮，从而吸引到未来的另一半。如图 4-15 所示。

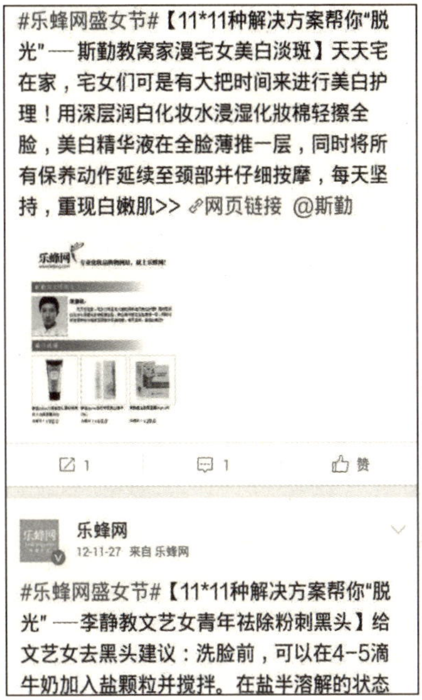

图 4-15 乐蜂网在微博上发起的话题

乐蜂网这次的活动主要针对 500 多个品牌进行零利润促销，而且还有 11 位时尚达人为用户打造一个美妆盛宴，可以根据用户的不同气质进行一对一的时尚咨询。以往，电商推出的双十一活动让用户很不过瘾，因为只有一天。但是乐蜂网却独辟蹊径，推出了长达一个月的促销活动，让用户过足购物瘾。

当然，只是这种长达一个月的促销活动肯定不可能让用户有超出预期、因好感爆棚而尖叫的冲动感。真正超出用户预期，获得用户好感的是乐蜂网这次活动的创意。乐蜂网为了推广这个活动，特意让乐蜂的大龄单身高管喊出“脱光”口号，一出“剩女逆袭、脱光宣言”的大戏在互联网上华丽上演起来。乐蜂这种独具创意的活动方式，超出了很多用户的想象。没有人想到，乐蜂网居然会直指当今大龄未婚青年的痛点，将脱光宣言大咧咧地喊出来。因为这种直戳痛点的创意活动主题，让很多人都深有感触，赢得了不少人的好感。

如何通过创意使产品或服务超出用户的预期，从而获得用户的好感呢？可从以下两个方面入手。

4.4.2 从产品和服务上下功夫

用户购买一件产品或者一项服务，前提是需求，有需求才能产生购买欲，那么如何让用户在众多产品或服务中选择你，又或者是在选择之后成为你的忠实用户呢？这就需要产品和服务有与众不同的地方。可以这么说，产品的品质很重要，产品的创意和新意也很重要。就像我们去买衣服，为什么一些质量好、价格合适、但款式不太新颖的服装引不起我们的兴趣，就是因为这些衣服没有新意，不够潮流，没有让我们产生“这件衣服好特别，好好看，和其他衣服的款式不同，我好喜欢，我要买下来”的感觉。因此，一件产品或一种服务，除了要保证品质，还要有新意，能让用户感到惊喜。有了这些，用户自然会对企业产生好的印象。

“好豆菜谱”就是一款颇具新意的美食软件，它不像传统的图书菜谱，而是通过手机应用，为用户提供各种菜式的视频，让用户可以跟着视频学做菜，同时还包括适合各种疾病、人群的养生菜式的做法。同时“好豆菜谱”还建立了社区，让用户可以在社区中分享自己的经验、与其他美食爱好者一起交流等。如图4-16所示。

图 4-16 好豆菜谱

4.4.3 从情感入手打造超出用户期望的创意

如果产品和服务足够强大，再加上人文关怀，用户绝对能瞬间被感动，很多时候，用户体验的另一个突破口就是情感，超出用户预期的体验就是人文关怀。不过，人文关怀早已被各大企业玩烂了，用户也早已对主打人文关怀的营销感到麻木。虽然如此，从情感入手依然是最有效的一招，不过也要加上企业的创意才能让麻木的用户产生感动。

就像上文所述的乐蜂网，所做的营销活动和产品不但颇具创意，最重要的是关注到了社会中的特定人群，大龄剩女。营销活动所表达的情感和人文关怀，让剩女们颇有感触。如图 4-17 所示。

图 4-17 乐蜂网创意且充满人文关怀的宣传海报

总而言之，在移动互联网时代，无论是产品还是营销活动，要有超出用户预期的创意，才能让对很多事情司空见惯的用户产生好感，进而激发购买或使用的兴趣。

4.5 让用户做自己的设计师

一款产品最终能否得到用户的认可，不仅需要好的创意，也要看是否能抓住用户的痛点、痒点、兴奋点，让用户满意。要抓住这 3 点，企业要有敏锐的眼光，强大的市场调研能力。但是这只能捕捉到他们其中的一个点，依靠这些得来的数据还不够精准，还不能让产品的设计一击即中用户心中的痛点，还不能让他们彻底止痒，并让他们兴奋到极点。

互联网时代是一个人人都喜欢追求个性的时代，是一个人人都喜欢刷存在感的时代。特别是随着互联网成长起来的新网民们，他们个性鲜明，存在感强烈，喜欢通过参与获得他人的认同，也喜欢为自己喜爱的事物提供意见，希望对方身上能刻上自己的烙印。因此，企业必须要明白，必须要让互联网时代的用户参与到企业的经营、产品的设计中，让用户做企业的设计师，这样企业才能实现自己的价值。

让用户参与进来，收集用户的反馈和建议，比起从自己的立场出发去捕捉用户痛点，能更精准、更符合用户的需要，因为这是用户自己提出来的。

海尔在这一点上一直做得非常好，其旗下的很多产品都让用户参与设计，而且销量特别好。现在我们就来看看，它是如何做到的。

4.5.1 海尔：产品由你设计，画面请你创意

海尔推出的私人定制就是完全让用户做自己的设计师。海尔冰箱曾在新浪微博上发起“产品由你设计，画面请你创意”的活动，主动邀请用户为海尔冰箱设计主画面创意。如图 4-18 所示。而这次活动专门针对的是海尔的新产品，匀冷三门冰箱。如图 4-19 所示。这个活动一发布，就受到很多网友的欢迎。

图 4-18 海尔冰箱在微博上发起的活动

图 4-19 海尔“匀冷三门冰箱”

这款冰箱的特色是“百变空间”，而这个百变空间就是网友们创意的焦点。为了能突出冰箱百变空间的特色，网友菲菲的创意提出：“3D 画是现在最流行的画风，如果将冰箱冷冻室设计成 3D 立体画，肯定能体现出冰箱大容积和可随意调节的功能。”菲菲的这个想法也让其他网友受到了启发，一时间“冰箱机器人”“解密魔方”“马上冰箱”等创意层出不穷。

海尔这种根据用户需求来研发产品、让用户来设计主画面创意的做法，体现了移动互联网时代用户在产品研发过程中所起到的重要作用。通过征集产品主画面，海尔还开启了产品交互体验的新篇章。

让用户当自己的设计师，不但要让用户参与产品制造，还有很多方面也需要他们来参与，主要包括 3 点。

4.5.2 让用户参与创意及制造

让每一个用户参与到产品设计中，让用户根据自己的喜好来设计产品，不但能提高用户参与的激情，也能在无形之中为企业解决一些问题，使企业不用再花费时间和精力去猜用户喜欢什么，并担上失败的风险去推出产品。

星巴克为什么会这么火，为什么能享誉全球，就是因为它知道，产品和服务设计，不但要有创意，更重要的是这个创意要来自用户。

星巴克调动大多数用户的兴趣来为它的产品提供创意和思路。它的想法和依据是，没有人能比用户更了解自己的需要，没有人不喜欢自己参与设计的产品。它们为用户设置了一套简单但有效的参与机制，让用户通过这个参与机制为星巴克提供他们的想法和创意。这个参与机制结果真的给星巴克带来了巨大的效益。

通过这个参与机制，星巴克不仅获得了它所需要的用户的反馈，更把最了解需求的用户变成了自己的产品设计师。星巴克通过一个机制把用户参与的热情充分调动了起来。在这个机制里，用户不但可以提交点子，认识同样有兴趣的人，还可看着自己的想法实现。这种全新的消费互动既让星巴克了解了市场，了解了用户，同时也解决了销售的问题。

4.5.3 让用户充当产品的测试者

企业在基于用户建议和反馈的基础上设计出产品时，如果想要得到最理想的市场反应，或者在推出市场之前，检测是否还有什么不足之处，那么就要让一批用户充当测试者。就像微信、QQ、游戏软件在推出新版前，都会先推出一个测试版。它们这么做就是为了在正式版推出之前，先收集用户的意见，并根据用户的建议做出修改，以期在推出正式版时能得到最好的市场效果。

当Google的员工将一个产品的基本原型实现后，就会放在官网上给用户试用。这样做的结果就是，Google 几乎所有的产品都会接受全世界用户的检验，而来自全世界的网民，都会给出自己的建议，之后 Google 就会根据这些建议来修改自己的产品。同时，如果这个产品有高点击率或下载率，就证明这个产品是好的，Google 就会做进一步开发，反之就放弃。这种来自用户的最直接的意见，让 Google 几乎每款产品都受到市场和用户的欢迎。谷歌地图就是其代表作之一。如图 4-20 所示。

图 4-20 Google 地图

4.5.4 让用户参与后续传播及流通

移动互联网时代的移动性使用户更容易参与到后续的传播过程中，所以现在的企业都把传播重点放在如何激励用户发出更有利于产品的言论，也就是口碑传播。

雅芳是一家直销企业，为了使自己推出的产品能赢得更多用户的喜爱，它们让用户参与到流通环节中，让用户帮助其实现最后的售卖程序。如图 4-21 所示。

图 4-21 雅芳

什么是好的创意？好创意不单指的是新意和个性，还包括了用户的参与。因此，企业在移动互联网的时代背景下，从产品的研发再到营销，都要始终与用户一起，让用户参与企业的每一个环节。这样不仅能让用户提出更好的创意建议，还可以让用户产生主人的感觉。有了这种感觉，企业就更容易获得用户的认同，获得用户认同，企业也就自然能在激励竞争的市场中抢得先机。

4.6 适当搞一场跌破眼镜的活动

明星如果想要走红，需要有一部好的作品作为依托。像2014年的李易峰，就是靠着一部《古剑奇谭》突然爆红。不过如果想要持续走红，就要在适当时间推出一部好作品，这样才能一直维持高人气，就像刘德华，已经50多岁了，还照样是娱乐圈的当红明星，就是因为他每隔一段时间都有一部作品面世，一部能跌破粉丝眼镜、创造观众口碑的好电影。在移动互联网时代，这个道理对企业经营者一样适用。企业如果想获取用户的关注，就要在适当时候推出一部好作品，搞一场让用户跌破眼镜的活动。

当然，不是人人都能出好作品，不是每个企业都能推出一场让用户跌破眼镜的活动。一场活动想让用户跌破眼镜，得到人们的围观，不是一件那么容易的事。当然，制造事件噱头，也能引来用户围观，但是不够持久。如何才能让用户跌破眼镜，并持续关注呢？这就需要在活动中融入创意，好的创意能让用户产生兴奋感，甚至还能让用户不断吐槽。

例如烟台集团送汽车事件，它就通过一场让人跌破眼镜的活动吸引了不少的粉丝。现在我们就来看看它是如何做的吧！

4.6.1 烟台杰瑞石油：年终奖送汽车的“土豪”

烟台杰瑞石油服务集团是一家传统老牌企业，但2014年却在网络上风生水起，赢得一片喝彩声。2013年年底，杰瑞集团在发年终奖时，一改往日发现金、发红包、加工资的传统奖励手法，而是采取送汽车这种“土豪”创意手法。现在我们就来看看，杰瑞集团是如何通过“土豪”模式来跌破用户眼镜的。如图4-22所示。

图4-22 杰瑞的“土豪”年终奖

杰瑞集团利用这个模式除了给员工发年终奖，还为了能吸引更多的年轻人加入杰瑞。为了能更好地宣传这个信息，杰瑞利用移动互联网的优势，制作了一个颇具新意的视频上传到网络，包括微博、微信等各大移动端，当然还有各大视频网站。在视频中，杰瑞将《爸爸去哪儿》的歌词改编，然后将烟台的魅力市景和杰瑞发土豪年终奖的场景作为视频背景。

温馨熟悉的歌曲和土豪奖品，让这个视频得到了很多网友的围观，上线不足两天，视频端的点击率就超过了10万次，还不算上微博、微信的点击量。看过这个视频的网友纷纷上网查询杰瑞集团的相关信息，想看看什么样的公司居然这么土豪，年终奖居然送汽车。

通过移动端这个平台，杰瑞集团得到了空前的关注。因此，杰瑞的品牌也得到很好的推广，不但成为当地年轻人就业的首选，还提升了自己的业绩。

从杰瑞汽车这个案例我们就可知道，超越普通，打造一个不一样的活动对于引起用户围观的重要性。越是有创意的东西越能引发人们的好奇和围观。所以企业要充分发挥自己的想象力，再结合自身实际情况，来打造出一场场让人跌破眼镜的活动。

4.6.2 向用户靠近，送上惊喜

想要跌破用户的眼镜，首先肯定是要颠覆过往的传统活动模式，因为那种模式企业用得太多了，用户早已见怪不怪，所以这一点是必须要变的。要让自己的创意得到用户的认同，企业先要了解用户的心态，了解什么样的创意才能让他们意想不到，又为之兴奋。

就像一些 KTV 推出的微信会员老客户独享唱歌优惠惊喜，这种针对老客户的活动模式，其他 KTV 很少用到，同时这种活动模式也抓住了用户想要优惠的心理。所以定期举行类似的活动，肯定能增加用户的黏性。

4.6.3 活动要神秘，才能让人跌破眼镜

很多企业不知道除了创意之外，还要怎样做活动才能给用户带来惊喜。其实活动除了创意之外，还要保持神秘。首先要宣传到位，引发人们对活动的好奇心，同时保持神秘，等到活动开始，超出用户的预料，就能形成一种轰动效应。

就像是亚马逊中国网站 2007 年的一场活动，为了能让这场活动造成轰动效应，亚马逊用明星来做送货员，这在当时的中国互联网界，可算是首开

先河。譬如 2006 年的超级女声冠军尚雯婕就化身为亚马逊送货员给北京师范大学的学生送过产品。超级女声当时可说是火爆中国，亚马逊的用户并不知道送货人是自己喜欢的明星。当用户打开门看到喜欢的明星居然给自己送货，肯定是意想不到外加惊喜无限。2014 年年初，京东也携手明星做了一次活动，效果非常好。如图 4-23 所示。他们在做这些活动之前，都做足了宣传，说一些明星会化身快递员给用户送货，但却始终不公布是哪个明星为哪个用户送货，充分引发人们的好奇心，一时之间，用户都在讨论和期待自己能不能有这个幸运。

图 4-23 京东请明星送货活动

在移动互联网中，为用户献上一个跌破眼镜的活动并不一定要以金钱多少来衡量，企业也可以通过创意获得观众的注意，例如名人效应、奇闻趣事等。就像杰瑞集团，如果单靠送汽车做年终奖这种土豪做法，而没有加入改编歌词等其他有创意的内容，那么效果肯定会差上许多。

4.7 不只产品有创意，手机视觉也要很夺目

在移动互联网的世界里，一款好的产品不但需要有好创意，也需要有好的营销。而在手机成为人们主要生活用品的今天，企业的营销基本都是发生在手机屏幕上，所以企业在打造手机端的广告时，视觉一定要高端大气、震撼、温情、感人等，反正哪一因素抓人眼球，就加入哪一种因素。因为只

有这样，用户才能在一块小小的手机屏幕中记住你产品。

很多企业认为营销只需要在文字上面做文章，将一些抽象的概念放进句子里，然后通过一些具有震撼力的词将其产品展现出来就足够。当然，想要广告在手机端显得夺目，文字是少不了的，但单靠文字是远远不够的。

在互联网时代，视觉内容成为主流，用户开始青睐“更少的文字说明，更多的图像化元素”，于是企业喜欢用图片信息代替文字信息。但是在移动互联网时代，如果想要手机视觉显得夺目，就需要文字和图片的互相配合，需要企业在文字和图片上加入特别的创意。

麦当劳的广告在视觉营销方面一直做得非常好，它重视文字震撼的感觉能力，也重视图片震撼的视觉能力，但最重视的是图文相结合时表现出来的震撼效果。麦当劳的这种营销方法为其手机端的业务加分不少。现在我们就来看看，麦当劳是如何通过图文结合的创意手法给用户带来视觉震撼的吧！

4.7.1 麦当劳：不吃素，是一种人生态度

麦当劳微信公众号上线之后，吸引了不少用户的关注。因此麦当劳的微信广告成为其线上业务很重要的一部分。它之所以这么受欢迎，有很大一部分就是因为推出了很多经典广告。麦当劳的“不吃素，是一种人生态度”，就是其中的代表作之一。如图 4-24 所示。

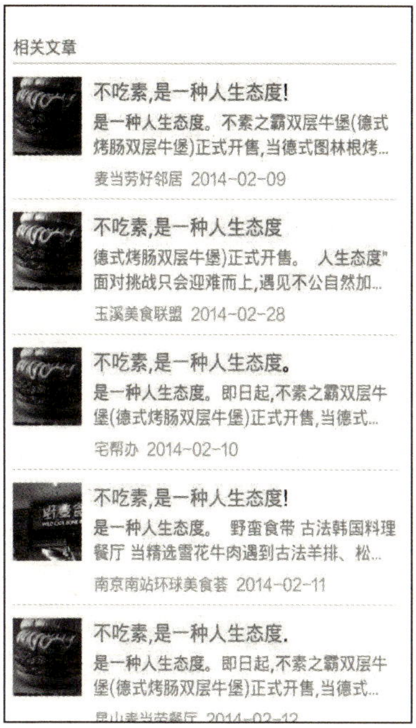
相关文章

不吃素,是一种人生态度!
是一种人生态度。不素之霸双层牛堡(德式烤肠双层牛堡)正式开售,当德式图林根烤...
麦当劳好邻居 2014-02-09

不吃素,是一种人生态度
德式烤肠双层牛堡)正式开售。 人生态度"面对挑战只会迎难而上,遇见不公自然加...
玉溪美食联盟 2014-02-28

不吃素,是一种人生态度。
是一种人生态度。即日起,不素之霸双层牛堡(德式烤肠双层牛堡)正式开售,当德式...
宅帮办 2014-02-10

不吃素,是一种人生态度!
是一种人生态度。 野蛮食带 古法韩国料理餐厅 当精选雪花牛肉遇到古法羊排、松...
南京南站环球美食荟 2014-02-11

不吃素,是一种人生态度.
是一种人生态度。即日起,不素之霸双层牛堡(德式烤肠双层牛堡)正式开售,当德式...

图 4-24 麦当劳夺目的微信软文

图 4-25 麦当劳文中配图

麦当劳的牛肉汉堡本就是主打食品之一，而且也不断地调试和推出更多的肉类汉堡。为了能吸引用户关注这些肉类汉堡，麦当劳在微信端喊出了“不吃素，是一种人生态度”的口号。这个广告词一下子就抓住了喜爱肉类食物用户的心，确实对于那些爱吃肉食的人来说，吃肉就是他们的人生态度，如果几天没有吃肉，他们就觉得人生淡而无味了。

同时为了能让这句广告词显得更有震撼力，麦当劳还专门配上了牛肉汉堡的图片，并将之拍得极其诱人，让用户仿佛能从图片上感觉到汉堡的香味与牛肉、火腿、芝士混在一起的香浓口感。如图 4-25 所示。震撼的图片和震撼的广告词，让用户看到就觉得不去麦当劳吃一次实在是太可惜了。

麦当劳的这个广告受到很多消费者的追捧，也成为麦当劳在手机营销领域的一大标签，许多用户都是冲着这个广告去麦当劳消费。

图文结合是最好的广告手段，那么要如何才能做出好的图文手机广告呢？可通过以下两点做到。

4.7.2 广告词要有创意，还要能打动用户

一句好的广告词能让用户一下子就记住品牌，如曾经的保健品广告："送礼就送脑白金。"与产品需要创意一样，广告词也需要创意，那种烂大街的广告词怎么让用户记住你，怎么让用户为你而震撼？就像是宝马中国为群信BMU X5上市而推出的广告语——"动天地，不动声色。"这一句广告词，很好地概括出了该款汽车性能好、噪声低的特点。如果企业用什么"低声、低音、无噪声"这种普通的不能再普通的广告词，估计用户看一眼就没兴趣了。

当然除了创意之外，能打动用户才是最重要的，打动了用户，才能让用户产生消费欲望。那么如何打动用户呢？首先要抓住用户的需求。只有明白用户想什么，才能说出让他们动心动情的广告词。聚美优品为了减肥养生项目而打出了一句广告词："全民瘦身季"。如图4-26所示。瘦身是许多人的需求，胖的人想变瘦，瘦的人还想变瘦，这句话无疑切中了大部分用户的需求点。

图4-26 聚美优品打出的广告语

4.7.3 广告图片可以简单，但绝对要与众不同

手机屏幕本来就有限，如果广告图片设计得太过复杂，肯定会给用户造成视觉负担，所以图片一定要简单。图片简单，用户才能从图片中一眼看到你想表达的内容。不过，简单并非意味着没有内容，简单的图片也要表现出与众不同，不但要表现出产品的与众不同，也表现出图片设计的与众不同。市场上同类产品实在太多，同类广告图片更是数不胜数，所以如果要让用户留下印象，就更要将与众不同作为图片设计的重点。

兴业银行微信公众号 2014 年为七夕所做的宣传图片就很好地体现出了简单但又与众不同的特点。从图 4-27 中我们可以看到，所有的赠品礼物都被各种各样的爱心所包围。图片的上方还用黑夜、星空、一双有情人作为点缀，最有特点的就是用“七夕传情”“爱心礼品”“传递您的爱”搭出了一座鹊桥。

图 4-27 兴业银行微信七夕宣传活动配图

总而言之，不论是产品，还是手机营销都需要夺目的视觉，都需要有创意。双管齐下才能得出双倍甚至多倍的效果。

第5章

你有多专注，就能多极致

不管做什么事情，哪怕再小，再不起眼，只要能专注地去做，将之做到极致，就能得到人们的关注。移动互联网时代对于产品的要求更是如此。那么如何才能做到极致的专注呢？其实专注和简洁是不可分离的，是牢牢地连接在一起的。“少就是多”，只有确定了方向，才能做到专注，只有简单、简洁一点才能让企业把所有的力量都专注在上面，也只有这样才能做出极致的产品。

5.1 认准战略就要“从一而终”

“从一而终”，这是古代对女子的要求，这虽然是一个旧思想，但在移动互联网时代，恰恰需要这么一个旧思想，不过不是对女子的要求，而是对企业的要求，要求企业对所定战略“从一而终”。企业认准了一个战略，就要像钉子一样把这个战略牢牢地往死里钉。

多数企业都会有这么一个疑问：“它们做的我都做了，它们没做的我也都做了，市场上所有的流行趋势，互联网、移动互联网所有的发展模式也都尝试过了，但为什么最后还是失败了呢？”其实就是因为他们的战略老是变来变去，今天走O2O路线，看到O2O势头不太好，又改走B2B路线，然后看移动端的App软件发展得好，又想往这个方向发展，结果，变过来，变过去，最后就把自己的发展方向变没了。

它们的失败是因为缺少专注。专注是企业能否做好一个产品，能否运营好一个模式的重要条件。就像小孩的学习，一会儿看电视，一会儿玩手机，那么他们的作业永远完成不了，成绩永远都无法提高。同样道理，企业如果能专注做好一个产品，认准一个战略后就专注于这个方向，相信即使不能将企业做到最大最好，但在所专注的这个领域肯定会是出类拔萃，受人瞩目的。

对于如何专注地做一件事，爱奇艺在这一方面非常有经验。它最初在制定战略时，认准了以高清为自己视频的特色，之后无论是在PC端，还是在移动端，都以高清作为自己的核心业务，一心一意将高清视频做到行业翘楚，并不断地超越自我。可以说，爱奇艺在这一点上是“从一而终”的最佳典范。

5.1.1 爱奇艺：我对高清“从一而终”

几年前，用户一提起视频，就会想到优酷、56、土豆，但在 2010 年之后，人们提起视频，尤其是高清视频，爱奇艺绝对是第一时间出现在用户心中的。爱奇艺一直专注做高清视频，现在人们只要在搜索引擎中，输入“爱奇艺”，最先显现的绝对会是“奇艺网”“高清”等字。这一点，足以说明，爱奇艺的高清特点已经深入人心。如图 5-1 所示。

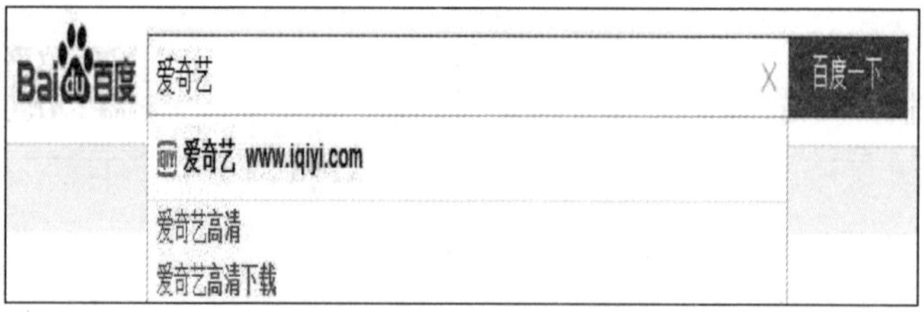

图 5-1 百度上关于“爱奇艺”的搜索结果显示

创始人龚宇在创立爱奇艺之时，首先就将“悦享品质”作为企业的经营理念，将战略目标锁定在“高清”。

为什么龚宇会选择高清作为自己的战略目标，并一直坚持下去？初始，他也想过多发展一些业务，但发现想要将所有的方面都做好，是不可能的。他很明白，如果什么都做，也许可以样样通，但却会是样样松，也就是说，爱奇艺将没有一个地方能被用户记住。他非常清楚，在互联网的世界里，不用多，只要有一样做得好就行。所以龚宇定下“高清”作为自己的企业战略之后，就一直专注地发展这一块。除了 PC 端，爱奇艺的手机客户端也延续了高清这一特性。用户只要进入爱奇艺的手机客户端，就可发现它的画质比其他视频网站的画质确实要好上许多。

龚宇的专注和坚持没有错，现在用户只要一提起高清视频，首先想到的就是爱奇艺。

5.1.2 少就是多，选择与自己最适合的战略

很多人在选择自己的企业战略时，不知道从哪一方面入手。制定时，感觉什么都行，但行动起来却发现样样都不行。又或者一把抓，把市场上所有流行的战略计划都拿来，结果最后没有一个能做好。其实，企业在选定战略时，与爱奇艺一样，只要选定一个就够了，少就是多，把一个发展好了，打好了这个基础，其他的衍生也就容易许多。但是选择战略时一定要注意，看这个战略目标自己能否做到，与企业自身的定位是否相符。

就像唯品会，它为自己定下的战略就是“一家专门做特卖的网站”，其网站内所有的业务都是与知名品牌特卖有关。例如服装、宝宝用品、鞋子、家居日用品都是知名品牌。如图 5-2 所示。

图 5-2 唯品会

5.1.3 专注才有力量，专注才能成功

就如上文所说，认准战略就要像钉子一样，往死里钉，把它钉死了，企业就活了。所以说，企业在认准发展战略后，千万不能三心二意，特别是一些资金、实力还不够雄厚的中小企业；如果发展的线太多，或者经常更换战略，对企业发展将造成致命的伤害。一定要记住，要专注地做自己的产品，专注地发展自己的战略，专注了才能有力量，专注了才能成功。

就像豆瓣网，从创立开始，就主打文艺风，也把所有的精力和时间投入这个“高端专业”战略中，因此多年发展下来，得到了无数中高端用户的认同。豆瓣上对电影、电视的评价都是最中肯也最受用户认可的。很多用户看电影之前，都会先看一下豆瓣的评分再选择看哪部电影。如图 5-3 所示。

图 5-3 豆瓣电影 App 用户评价功能

总而言之，企业在制定战略时，不要贪多，要符合自身定位，更重要的是，制定战略之后，要像钉子一样，死死地钉住。

5.2 把专注和简洁作为梵咒

在移动互联网，专注和简单的力度虽然不能起到扭转乾坤的作用，但却是一个企业能否得到大发展的前提。然而，很多企业仍然不明白这一点，不明白为何要专注地做一件产品，不明白怎样将一件产品做到简洁但不简单。

什么是互联网的专注？雷军认为："互联网必将像煤、水、电一样进入到生活的方方面面，这是一种任何人都无法阻挡的趋势。移动互联网就像一个巨大的风口，里面成功的机会千千万万，但机会虽多成功却不易。所以企业想要成功，最需要做的就是专注。"

找到一个点，专注在上面，在这个点上突破，这是互联网和移动互联网的成功之道。有些人会问，为什么总觉得时间不够用？其实这还是专不专注的问题。

什么是移动互联网的简洁？移动互联网市场的选择，是大道至简。在产品规划和品牌定位中，一定要求简。产品设计，要求简洁但不简单。从近些年用户的行为来看，他们选择太多，相对的选择时间就会变得很短，转移成本越来越低，耐心也就变得越来越少。所以，商家必须在最短的时间内抓住用户，而这就需要简洁的产品设计。

微信可以说是将简洁和专注做到极致的最佳代表，它们始终把专注和简洁作为自己设计产品时的梵咒，所以才有了今天火爆移动互联网世界的微信的出现。现在就来看看，马晓龙的团队是如何发挥专注的精神，将产品设计做到极致简洁的吧！

5.2.1 微信“摇一摇”，简单就是美

相信大家都用过微信，也用过微信“摇一摇”来加过好友。“摇一摇”的界面上没有任何按钮和菜单，也没有其他的入口，只有一个可以拉出来的菜单用来显示摇到的好友。也就是说，这个界面上没有任何东西，只有一个图案，就像 iPhone 只有一个按钮一样。“摇一摇”界面上只有一个手握手机晃动的图片，用户只要跟着这张图片做一样的动作，就能摇到附近的好友。“摇一摇”的功能从最初的只能摇附近的好友，现在已经扩展到可以摇歌曲，摇电视节目。

前段时间的《我是歌手》第三季总决赛，湖南卫视、唯品会联合微信推出了摇大奖的活动。用户只要打开微信摇一摇，对着正在唱歌的明星晃动一下手机，就可获得湖南卫视、唯品会送出的大奖，非常简单且容易操作。比起湖南卫视传统的发短信，摇一摇赢大奖更能引起观众的兴趣。

图 5-4 微信“摇一摇”

微信的“摇一摇”功能，很好地诠释了移动互联网“简洁”这俩字，它的简洁是操作过程简洁快速，但操作的结果却很丰富。如图 5-4 所示。

那么企业要如何做才能像马晓龙的团队一样，将产品做到简洁却不简单，让其受到用户的喜爱呢？

5.2.2 制定符合用户需求的规则

设计者要像上帝一样俯瞰芸芸众生，充分了解用户的需求和欲望，然后针对这些需求和欲望，制定出规则，让他们按照规则来运转。

首先，要了解用户的欲望，然后让用户通过你的产品得到满足，并且他们使用产品的过程就是按照你的预期来的。其次，你要知道用户的心理，并且知道用什么规则去吸引他。规则得是简单易懂的，只有简单的规则才能演化出 1+1>2 的效果。用户不喜欢复杂的事物，所以不要一开始就给用户制定出复杂的规则，如果真要这样做，那么用户肯定会在第一时间选择放弃，因为他们没有那么多时间和耐心去适应和了解你的规则。

2012 年卡芙琳女鞋的网店被迫关闭，就给各个企业敲了一记很好的警钟。这家品牌女鞋为什么在线下实体店做得那么出色，而线上的网店经营却如此失败？主要原因就是网店页面不够简洁，操作的过程相对复杂，用户不能通过页面在第一时间找到自己所需要的物品。

5.2.3 简洁务必专注，专注才是胜道

想要将一个产品做到简洁不简单，前提就是企业或设计者要做到绝对的专注。专注代表的是一个企业或个人为了要必须完成一件事情，而在一定时期集中所有的力量，力求突破，而不是将产业链延伸到各个方面。从现实中各个成功的案例看去，企业如果想要在移动互联网的时代中有所发展，就一定要集中力量，将劲往一处使，这样才能将产品做好。

就像是《开心消消乐》这款手游游戏，一经推出就爬到了手游类下载前几名的位置，并蝉联了半年的冠亚军，如图 5-5 所示。它的成功与团队的专注不无关系。

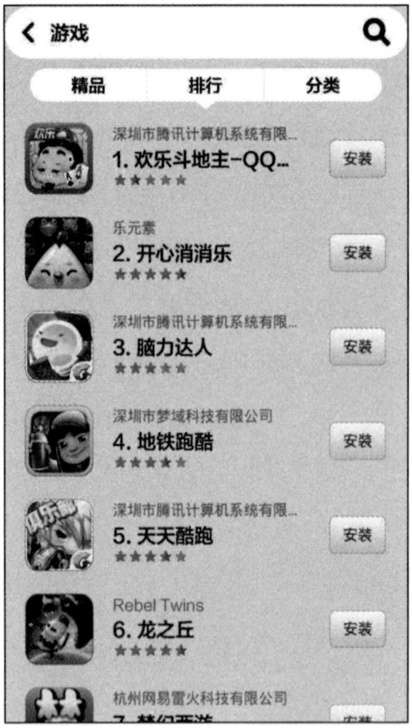

图 5-5 开心消消乐当前排名

总而言之，企业越专注，就越能研发出简洁的产品，而越简洁、简单的产品就越能吸引用户的注意。所以企业在设计产品时，应该把专注和简洁作为自己的梵咒，时刻提醒自己。

5.3 把一点发挥到极致就可以了

如果说痛点是互联网产品不断涌现的原因，那么尖叫点就是这款产品能不能受到欢迎的关键。一款产品能否获得成功的因素有很多，但是让用户尖叫肯定是其中最大的一个。那要如何打造让用户尖叫的产品呢？起码要做到几点：第一，尖叫点不能太多，太多了会对产品形成负担，反而适得其反。简单地说，就是把产品中的某一个点发挥到极致就足够了；第二，要能真的让用户尖叫，而不是让用户淡然说一句：“还不错！”如果一款产品不能让用户情不自禁地尖叫说：“太好了！太棒了！”那就代表你没将这款产品的那一个尖叫点发挥到极致。

企业要想把任何方面都做到极致是不太可能的，所以只要抓住一点，把一点发挥到极致就够了。如果你是做蛋糕的，只要把一款蛋糕，或者蛋糕中的某一点发挥到极致就足够了。只要能把一个点发挥到极致，用户自然会为你尖叫。

当当读书手机 App 就是从为用户提供最极致的读书体验出发，使移动端也做到了与 PC 端一样的好口碑和好业绩。现在我们就来看看，当当读书手机 App 是从哪些方面为用户提供极致阅读体验的吧！

5.3.1 当当读书的极致用户体验

我们打开当当读书的页面之后，就会自动跳出一个读书礼包，当然这只能领取一次。不过这一点奖励体验，还是能让用户情不自禁地发出“书中自有黄金屋”的感叹。点击领取后，当当就会自动显示第三方账号供用户选择登录，有 QQ、手机号等多种方式。与账号绑定的设备端高达 18 个，也就是说无论你使用了多少设备端，只要使用同一个账号登录，就可在任意一个设备端阅读、查看你购买、上传的图书。当当网的云端还提供了一个功能，就是如果你把图书删除了，还可以从这里找到，而这一项功能是其他读书 App 所不能提供的，其他读书 App 想要重新获取，还需要重新购买。这一点让许多后悔删除图书的读者有了“后悔药”可吃。

当当读书还为读者提供了很多特色的功能体验，而且每一个功能的体验都做到了极致。

借阅。古语有云：“书非借不能读也。”书不是借来的都懒得去读，这是因为自己买来的书因为没有时间限制，所以我们总想着过段时间看也没关系，最后那本书就只能放着了。针对这一点，当当读书推出了一个限时借阅的功能，许多畅销图书，用户都能从这免费借阅。如图 5-6 所示。

“偷书”。这个“偷书”功能的侧重点是在社交方面，点击屏幕右上角书本的图标，就可以进入查看“附近的人”的功能页面。通过这个功能，用户不仅可以发现附近有哪些看同类书的书友，还可以翻看别人的书架，并且可以“偷”别人的书放在自己的书架上阅读。其实这个功能的目的不是偷，而是为读书增加一点趣味性，由此也可通过这个功能交到一些志同道合的书友。如图 5-7 所示。

图 5-6 当当读书“限时借阅”功能

图 5-7 当当读书“偷书”功能

签到和“摇一摇”。这两个功能主要是为用户积累财富用的，许多同类 App 上都有。当当网送的是 1~20 元不等的礼券，可以直接用来购买图书。如图 5-8、图 5-9 所示。

图 5-8 当当读书“摇一摇”功能

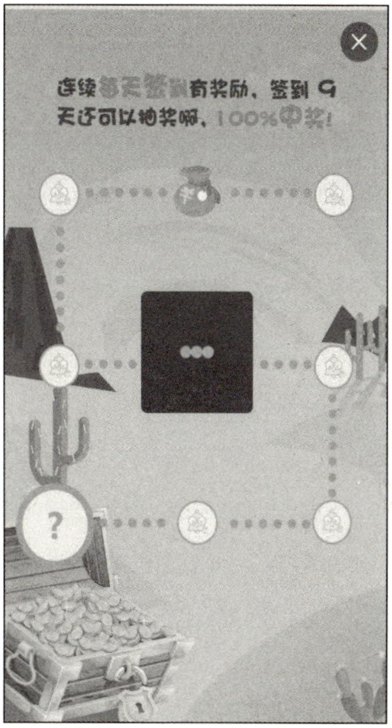

图 5-9 当当读书“签到有礼”功能

个性化推荐功能。这个功能是根据用户在当当网的买书数据，为用户提供的个性推荐。例如你购买的文学类的书偏多，当当读书就会自动为你推荐此类较为畅销以及深受好评的图书。

为了给用户提供极致的阅读体验，当当读书还特地为电子书做了精排。电子书的排版大多都是文字单调，版式粗糙，看多了非常累。针对这一点当当读书特地对电子书做了精装精排。

当当网并没有把自己的触角伸向多个方面，而是只着重用户体验这一点，在当当读书的手机 App 上从各个方面将这一点发挥到极致。而这一点极致，恰恰就为当当带来了不少收益。

那么其他企业如何才能与当当网一样，将自己的那一点发挥到极致，并取得好的效果呢？

5.3.2 极致的产品，一款就足够

企业想要推出极致的产品来赢得用户，不需要多，一款就足够。那么什么是极致产品呢？极致产品主要包含了 4 个特质。一、品质好。产品质量过硬，无论哪个商业时代都是必要因素，移动互联网时代也一样。二、竞争少。也就是说你的这一款产品的某一个点，竞争者并不多。三、个性强。个性是现代人的特质，产品只有个性强，才能赢得个性化用户的喜爱。四、持续性。一款产品要拥有持续性的特质，如果你推出一款产品，火了一两个月就无人问津了，那这款产品就不算是极致的产品，而是失败的产品。

就像小米手机。小米手机的品质不用多说，可以说是同价、同类产品中的佼佼者。小米手机的价格在行业内能与之竞争的并不多，苹果走的是高端，华为、魅族的性价比也不能与小米相比。小米的红米系列才卖 599 元、699 元、799 元。如图 5-10 所示。相信这个性价比，其他手机还真没有。小米的个性就无需多说了，其文化个性正好符合现代人个性的需求。在持续性方面，小米 1 现在的销量虽然不能与刚推出时相比，但市场的需求一样不小。

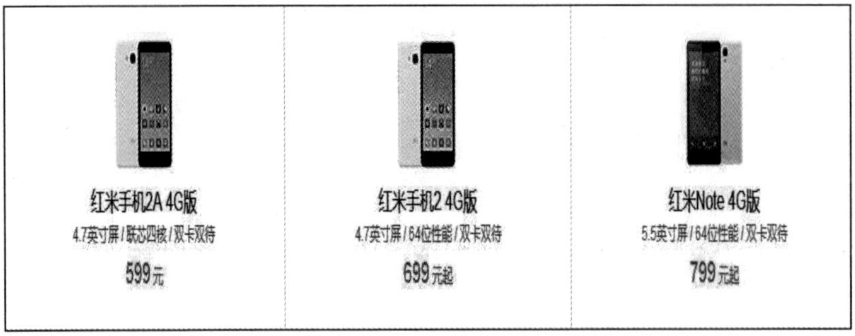

图 5-10 小米手机红米系列价格

5.3.3 极致的点，一个就足够

企业在打造产品时，并不需要将产品所有的方面都开发到极致，只需要专注一个点，无论是从服务入手，还是从功能入手，只要能将一个点发挥

到极致，自然能赢得用户的喜爱。

例如百度页面的极致、简单。我们进入百度页面，可以看到百度页面只给用户提供了新闻、网页、贴吧等各个分类搜索引擎，然后是一个搜索框和一个“百度一下”的点击键。如图 5-11 所示。可以说百度页面的极致、简洁，无论是从视觉还是操作方面都赢得了不少用户的好感。

图 5-11 百度页面

其实，市场竞争的胜出者不一定是为市场提供了更多产品的那一个，而是把事情做到最简单、最极致的那一个，它们比起产品繁杂的企业更能赢得消费者的青睐。

5.4 从点出发做减法一定行

在移动互联网的大趋势之下，无论传统企业还是互联网企业都纷纷借助移动端来做互联网，以此谋求更大的利润空间。就像淘宝，也从 PC 端向移动端发展，淘宝卖家的订单也有一大部分是在手机端完成。

许多企业也想学淘宝往移动端发展，但却一败涂地！它们为什么会失败呢?最大的原因就是因为它们没有把握好简洁逻辑，虽然传统的互联网也一样要求简洁，但是移动互联网对于简洁的要求更高、更严。所以，用传统的互联网思维来做移动互联网思维是不够的。那么怎样才能像淘宝一样，做好移动端的业务呢？那就要从出发点做减法，为自己在移动端的业务瘦身。

舍不得孩子套不住狼，如果企业不能为自己瘦身，肯定就无法在移动互联网大战中占领一席之地。所以，企业主们要秉着精益求精的精神为自己的产品做减法，这样才能符合移动互联网时代用户对于简洁的要求。

生意的起步阶段往往是从做加法开始，每个人都希望把自己的企业越做越大，能为市场和用户提供更多的产品种类和服务门类。然而，当企业发展到一定阶段，这种运营方法很可能会让企业资源分散，且不堪重负，最终一无所获。

棒约翰在美国被认为是最成功的比萨连锁店，《华尔街日报》曾评价它说："谁说小人物不能打败大人物？"指的就是棒约翰以小胜大痛击必胜客的事情。棒约翰为什么能赢过必胜客呢？它靠的是什么？就是因为它懂得为自己的企业做减法。

5.4.1 棒约翰：谁说小人物不能打败大人物

约翰·施耐德在接手棒约翰时，其规模很小，很像一个小杂货店，店内什么都有，如比萨、干酪、牛排、三明治、潜水艇汉堡、炸薯条等多种食品，但这么多款产品却没有一款能让消费者记住，棒约翰自己也没有任何经营重点。

为了改变棒约翰，施耐德找到了定位理论的创始人杰克·特劳特，请他为自己的店铺做个规划。特劳特经过一番调查分析之后，得出了一个结论：必胜客能胜出是因为产品的多样性，达美乐则是速度，Little Caesars 则是因为价格。不过它们加起来才占了市场份额的 35%~40%，比萨还有很大的市场等待占领。棒约翰只要做出差异性，就能一改现状，并与它们一较高低。

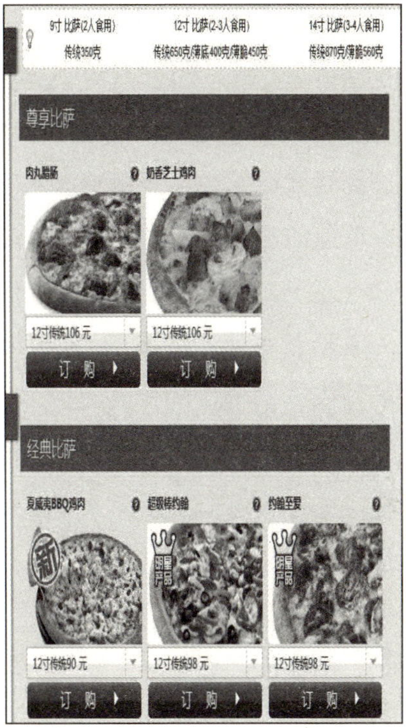

图 5-12 棒约翰的主营项目“比萨”

减法，这就是特劳特给施耐德的答案。放弃乱七八糟，集中所有精力和资源做好比萨就行。特劳特为棒约翰做了一个经营规划：重点推出“最高级比萨”，并以市场的领导品牌必胜客为对手，强调“更好的原料，更好的比萨”这一特点。如图 5-12 所示。同时，广告也要重新定位，将施耐德是必胜客的创始人作为重点宣传，让他在广告上宣传自己研制出了一种比必胜客更好吃的“比萨”，而且还是因为这个原因离开了必胜客，创建了棒约翰。这样就能借必胜客的名气打响自己的品牌，同时又在棒约翰与必胜客之间做出了差异性。

特劳特给出的方法很有效，虽然必胜客为此非常愤怒，但是广告效果非常可观。施耐德也不愧为商业天才，把这个方案执行得很彻底，一时间，棒约翰的知名度达到了可与必胜客相抗衡的程度，并且最终打败了必胜客。

棒约翰就是通过将自己的经营项目做减法这一点让自己达到事业的顶峰，它把其他的食品种类都减去，将比萨作为重点，广告宣传也是围绕着比萨为重心，最终打败了快餐巨头必胜客。

许多企业也面临着棒约翰最初面临的那个问题。多元化、多样化、全产业链……这些美丽的词汇迷惑、诱导着各个企业主们。也许这一点在传统商业时期是至高无上的经营圭臬，但在移动互联网时代已不适用。

那些还在为此而苦恼的企业主们，要如何才能与棒约翰一样依靠做减法赢得成功呢？可从以下几点入手。

5.4.2 砍掉没有前途的产品，专注重点产品线

在移动互联网时代，企业必须要遵循两个点：企业经营的产品要简约，实施的时候要专注。而做到这两项的前提就是先要对自己狠一点，果断砍掉没有前途的产品，专注做重点产品。如前文所述，只要把所有精力、资源放到一个点上，肯定就能将这个点做得更出色。

苹果就是典型的案例。1997 年的时候，苹果几乎要破产。造成这个情况的原因就是苹果的产品线过多，企业负担不过来。乔布斯回归苹果之后，在做了一番评估后，不顾众人反对果断砍掉了 70% 的产品线，只保留了 4 款产品。如今火遍全球的苹果手机就是其中之一。乔布斯做了个明智的选择，他通过给企业做减法，集中发展重点产品。如今苹果公司依然保留着乔布斯留下的传统，即使苹果手机现在火遍全球，但款式依然就那么几款，如图 5-13 所示，但仅仅依靠着这几款，苹果就取代诺基亚成为世界手机龙头。

1 发展历史

- 研发
- iPhone
- iPhone 3G
- iPhone 3GS
- iPhone 4
- iPhone 4S
- iPhone 5
- iPhone 5C/5S
- iPhone 6/6 Plus

图 5-13 苹果手机的发展历史

5.4.3 不只产品线，营销也需要从点出发做减法

不单单是产品线需要做减法，企业的营销也需要做减法。营销做减法主要从两个方面出发，一是价格界面。市场的价格定位就是 3 种，高、中、低。粉丝，无论哪一种价格定位都是从异质性出发，所以企业的价格定位也要符合自身的品牌定位。如果高端价格的也有，低端价格的产品也有，那么用户就会对企业的品牌定位造成混乱，所以企业只要保留一个价格定位就足够了，高、中或低端。比如唐狮服饰选择了大众市场定位，而且为了这个定位，唐狮还花了许多精力来降低服装成本，精确核算价格成本，从而控制自己的低端销售价格。

二是渠道界面。很多企业觉得自己品牌没有做强的原因，是因为营销渠道不够多，于是在商场、超市、专卖店、电视购物、网络营销等各个方面都下了重资做广告。事实上，企业应该根据自己的产品特征，看看哪种渠道的效果最好，选择出独特、符合市场规律又有市场容量的渠道，其他效果不明显的营销渠道最好选择放弃。

总而言之，做减法是企业建立核心竞争力的重要手段，也是许多多元化企业面对移动互联网企业冲击的一个强有力的武器。

第6章

没有流量就没有销量

移动互联网时代，流量为王！各大企业花招尽出，就是为了吸引流量。先有流量才有利润，有了流量企业才知道如何打造盈利模式。吸引流量的法则是什么？是免费，用免费的产品、免费的服务来吸引用户。都说免费是最昂贵的，企业需要盈利，而免费模式的推出需要企业投入很大的资本，所以要想维持运转就必须要懂得如何从流量上赚钱。直接收费已是不太可能，所以利用广告、通过一些增值模式是最好、最合适的一种盈利手段。

6.1 用免费产品和服务吸引千万流量

移动互联网的免费虽然像一场盛世的狂欢，无人不喜，无人不爱，但如前文所述，免费的实质并不是免费。从总体上来说，免费是为了获取用户，有了用户就有了流量。在移动互联网的逻辑中，哪种方式可以快速吸引到用户？无疑是免费的产品和免费的服务。

360、QQ、淘宝、百度、迅雷都是依靠免费模式起家的。迅雷下载软件推出之后，免费使用的模式立刻受到众多用户的青睐，而那些需要收费的下载软件则渐渐被用户抛弃。也许有人会疑问，既然迅雷实行了免费模式，它又是靠什么来赚钱，靠什么来维持企业自身的运转呢？其实迅雷为用户提供免费下载软件的背后目的，是吸引更多的流量。因为在互联网时代，流量为王，到了移动互联网时代，这一点更为明显。古时有句话叫“点石成金”，流量在这些互联网大佬的手中也可变为永不失价的黄金。

所以说，为用户提供免费的产品和服务只是一种手段，一种吸引流量的手段。流量对于移动互联网企业的重要性，我们可以从百度导航和阿里旗下高德导航的较量中得知。

6.1.1 百度导航与高德导航的免费大战

2013 年 8 月 28 日下午，百度、高德都宣布导航即将永久免费，这对于开车的用户可谓是一件天大的好事，因为原先从手机上下载并使用两款软件都需要付费。宣布免费之后，百度和高德的攻防战也在不断升级。29 日下午，百度对外发布称，原先下载导航付了钱的用户将获得退款，免费本身就是肉痛之事，百度这一招无疑更是对自己下了狠心。不只是百度，其实高德也是抱着“要想成功必先割肉”的决心，高德导航手机应用软件原价为 50 元，截至新闻发布为止，高德已拥有 7 000 多万用户，这么一换算，高德这次实行免费将损失 35 亿元。其实高德的损失远不只这些，据第二季度财报，来自移动和互联网解决方案业务的净利就达到了 1 470 万美元，上一年同期为 1 100 万美元，前一季度则为 1 390 万美元。这些收入主要来自预先安装在手机上的高级导航解决方案，以及高德软件与中国移动合作的移动导航服务相关的营收。如图 6-1、图 6-2 所示。

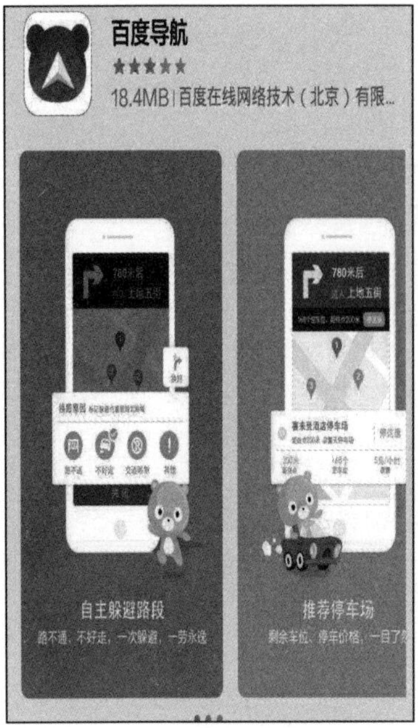

图 6-1 百度导航

图 6-2 高德导航

为什么两大巨头都急着为用户提供免费的产品？高德董事长兼 CEO 成从武说：“赚钱无疑是企业的第一目的，但牺牲掉眼前的一点小利益，而能赢得长远的未来，这很值。况且移动互联网的竞争如此激烈，充满着许多未知的挑战和风险。现在如果不断臂求生，利用免费模式吸引更多的流量，不用多久就会被其他企业利用免费模式将自己打败。”

是的，就如成从武所说的那样，免费的产品和服务已经是企业在移动互联网生存的根本法则，无论你之前的生存环境是什么，你的企业根基是什么，在移动互联网时代，唯有流量是王道，而吸引流量的最有效手段就是免费的产品和服务。

高德和百度的割肉大战已经让我们明白流量的重要性，明白获得流量免费是最好的方式。但是这种方式，各个企业都在使用，那么要如何规划出更好的免费模式，才能让自己的免费产品和服务在竞争中获得优势呢？

6.1.2 免费的内容和实际体验要一致

很多企业免费的口号喊得震天响，将自己的产品夸得天上有，地下无。但当用户使用产品之后，却发现实际上根本不是这样。企业一定要注意，免费内容的宣传要和用户实际体验到的内容一致，否则会让用户产生反感，从而变成“一生黑”，失去了这个用户不说，还坏了好不容易塑造好的口碑。

斯百如酒店经常在微信客户端和其他手机应用中推出的“特惠入住房间”，营销力度非常大。斯百如认为一定要将“特惠”模式打造的与其他酒店不一样，才能赢得更多用户的关注。于是在 2014 年 3 月底推出了“美人，送你一晚特惠房，你可愿意否？”的活动。如图 6-3 所示。用户只要将自己的睡颜照发给斯百如，就有机会获得特价入住豪华套房的惊喜。这个活动引起的反响很大，有不少用户获得了这个机会，斯百如也说到做到，为这些幸运用户提供了最好的入住服务。斯百如这种内容和口号相一致的做法，让很多用户非常满意，也愿意成为企业口碑的传播者。

图 6-3 斯百如酒店在微信上发起的活动

6.1.3 免费也要注意质量

很多企业认为既然是白送的东西还讲究什么质量，既然是免费的东西用户也没权利要求什么。就是这种想法，导致它们无法依靠免费模式获得成功。企业为什么要实行免费模式？是为了吸引流量，吸引了流量就是吸引了用户。那为什么要吸引用户？自然是想从用户身上盈利。可是如果你的产品和服务无法带给用户好的体验，用户是白送也不要。那么又何谈让他们成为可以让你长期盈利的忠实用户呢？

这一点，沪江开心词场手机App就做得非常好，用户不需要花任何费用就可使用该产品，而且这款英语单词背诵软件确实能为用户提供极致的服务，除了提供各个级别的英语单词，还包括了拼写、填空等测验方式，让用户全方位地将单词记住。同时为了提升用户背诵单词的趣味性，还增加了PK，系统会任意为用户匹配同等程度的用户进行PK较量，减少用户在背诵单词时的枯燥感。如图6-4所示。

图6-4 开心词场“背词”和“PK”功能

沪江开心词场并没有因为是免费的就胡乱给用户提供内容，无论是发音还是例句等都尽量做到极致。而它的这种态度，也让很多用户成为沪江的忠实粉丝，许多英语爱好者在有需要时都会选择沪江网的网络课程进行英语学习。

免费的产品和服务无疑是吸引流量的最佳手段，所以还在为没有流量而苦恼的企业，赶紧把免费模式运行起来吧！

6.2 “先免费，再流量”，粉丝别想逃出你的手掌心

从事互联网商务的企业人大都认为，移动互联网的商业模式无非是 3 种，电子商务、广告以及增值服务。现在市场上大部分企业都是依靠这 3 种方法来盈利。然而，想要运营好这 3 种模式的基本条件也是相同的，那就是先占有一个巨大的免费用户群。在移动互联网上，企业只要有了用户，盈利的机会也就越来越多。

企业想要获取用户，就先要展开免费计划，彻底遵守互联网“先免费，再流量”的不二法则。在移动互联网时代经营企业，首先强调的不是如何盈利，而是如何通过免费来获取流量，然后再把这些流量转成的忠实用户，从中赚取利益。

如果企业一开始就抱着“我要吸引流量，我要抓住用户，我要从用户身上赚钱”，那么你就永远无法获得真正有用的流量，也无法从用户身上获得你想要的利益。所以“先免费、再流量”是奠定企业基础的不二法则。

广东移动在这一方面就做得非常好，它吸引用户、扩展业务的手段就是通过“先免费，再流量”的方式，现在就来看看，广东移动到底是如何操作这一模式的吧！

6.2.1 广东移动：疯狂的流量红包

2014 年广东移动继在 5 月份推出流量红包、6 月与微信联手推出“流量红包”的活动后，又再次联手微信推出了“免费抽取流量红包”的活动。广东移动推行的这几项免费活动，刷新了运营商流量经营的传统思维，彻底

显现出移动互联网思维的优越性。如图 6-5 所示。

图 6-5 广东移动发起的“流量红包”活动

流量红包是广东移动与微信联合推出的流量社交新玩法，所有广东移动用户都可参与，2G/3G/4G 都可以参加，且没有领取和兑换流量红包的数量限制，免费抽取的方式则直接将流量获取的成本归零。不仅每人每天可以抽 10 次（抽中一次最少可以获得 10 个 10M 的流量包），中奖几率达到 10%，基本上每人每天都能抽中一次。

广东移动为什么要大打免费牌？因为免费牌至少可以起到以下几个作用。

第一，可以带动更多用户参与流量红包的活动。免费是最直接、最有效的广告。国内的流量费用普遍较高，这种大咧咧的免费赠流量红包肯定能刺激到用户那根敏感的神经。这比那种传统套餐有着更强劲、更直接的吸引力。

第二，能帮助广东移动巩固住 4G 市场的优势。随着 FDD 牌照的发放，联通和电信对中国移动的 4G 市场步步紧逼，能否最大限度扩大 4G 领地，让更多的人使用移动 4G，是决定中国移动通信在未来是否能站在 4G 市场绝对优势地位的重要因素。这种免费流量活动，无疑是移动扩大和巩固 4G 市场的有效手段之一。

第三，培养用户使用流量的习惯。通过流量红包培养用户的流量意识和使用流量的习惯，能巩固运营商长期的流量经营。也就是说当用户通过免费流量红包养成了使用流量的习惯，那么即使以后广东移动不举办这样的活动，用户也会因为习惯去订购需要费用的流量。

像广东移动这种“先免费，后流量”的典型案例还有很多，那么企业要如何让这种模式取得最大的效果呢？

6.2.2 实行多种免费模式，吸引更多的流量

互联网中有一句名言：“先圈用户，再圈钱！”指的就是，企业要在移动互联网世界里求生，就要通过免费的产品、服务来吸引更多的用户。使用免费模式，可以分为多种，如前期免费，后期收费，或者将免费模式实行到底。要使用哪种模式，可根据企业自身的性质决定。

前期的免费模式在一定程度上让用户尝到了甜头，形成了使用习惯，那么接下来企业的后期收费也就更加顺利。就像赶集网在手机应用客户端推出的“手机找房子就送钱”的活动，利用这种免费获得赠品的活动，吸引了大批用户的关注和使用赶集网手机 App。

6.2.3 借助各种手段，加大免费产品的影响力

要想让自己的免费产品和服务获得更多的流量，那么就一定要借助各种营销手段，让更多的用户知道。企业可以借助一些移动互联网平台，例如微博、微信等推出免费计划，或者借助一些时事、娱乐明星的效应，扩大免费产品的影响力。

例如，乐蜂网在 2014 年 3 月 21 日举行的“你约会，我们请你看电影”微博免费抽奖活动。乐蜂网借助戛纳电影节影帝廖凡主演的电影《白日焰火》的火爆和好口碑来为自己做宣传。借着这部电影的影响力，乐蜂网不仅吸引了该主演的粉丝，还获得不少文艺片爱好者的好评和关注。如图 6-6 所示。

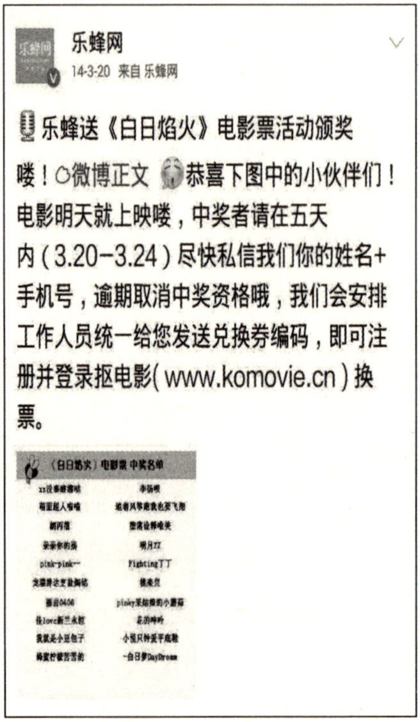

图 6-6 活动中奖名单

总而言之，在移动互联网时代，“先免费，再流量”是企业生存的不二法则，只要运行得好，粉丝就别想逃出你的手掌心。有了粉丝，企业要盈利就简单多了。

6.3 羊毛出在狗身上，用植入广告方式大赚其钱

没有企业不想盈利，也没有人不想赚钱。如果企业不盈利，又怎么维持住自身的运营，又怎么继续给用户提供免费的服务？如果企业想向用户收钱，那是不太可能的。如今移动互联网的转移成本这么低，用户一旦知道企业要向自己收费，肯定会毫不犹豫地选择其他的产品。所以向用户收费这种方法是行不通的。可是企业需要盈利，如果不向用户收费又该向谁收费呢？其实“羊毛出在狗身上”，企业可以赚广告商的钱。

其实这一点和我们经常收看的电视节目没有什么区别，各大卫视花大钱给我们播了一部又一部电视剧，费尽时间和精力制作了一个又一个节目，为什么？就是为了吸引观众来看，为的就是收视率。但观众看电视都是免费的，电视台在观众身上当然也赚不了什么钱。那么它们现在赚得金银满钵，是怎么做到的呢？是的，就是因为广告商。就像湖南卫视的一档节目《爸爸去哪儿》第三季，广告商的冠名费就高达5亿元，还不算其他的，例如赞助商之类的。这就是电视台赚钱的方法。

移动互联网的企业也一样，也是可以依靠广告商来赚钱的。企业从广告商处盈利，可谓是三赢。第一，用户不用付钱；第二，企业既能持续免费留住用户又能盈利；第三，广告商扩大了品牌影响力，增加了销量。就像是炫迈冠名了2013年《快乐男声》一样，本来炫迈口香糖知名度非常低，销量也不高，但冠名了《快乐男声》之后，知名度立马上升，销量也是几倍几倍地翻番，现在各大超市、各个小店都能看得见炫迈的影子。

我们常在一些手机App中看到的广告植入和炫迈冠名《快乐男声》的意义是一样的，就像是现代人经常使用的PS神器《百度魔图》，它也是一款免费的手机App软件，盈利的方式就是通过植入广告从广告商那儿赚钱。

6.3.1 百度魔图的植入广告盈利模式

从图 6-7 中我们可以看到，百度魔图第一页的页面被分为 6 个板块，分别是美化、拼图、特效相机、素材 4 个基本板块，另有两个板块是百度魔图给广告商植入广告用的，现在这两个版块的植入广告商分别是 GO 桌面、爱消萌萌哒、喜马拉雅听书 3 大软件。百度魔图现在已经有过亿的用户，如果将自己的 App 软件广告植入其中，用户看到自己的软件就会引发起兴趣，从而下载软件，无形之中分享了百度魔图的广告资源。即使不下载也能提高知名度，把其他 App 软件植入到自己的页面中，从而赚取开发商的广告费，这就是百度魔图盈利的方式。

图 6-7 百度魔图的插入广告

除了与其他 App 软件进行合作，百度魔图还和可口可乐这种大品牌进行了一次非常成功的合作，可口可乐携手百度魔图为用户定制 3D 人像打印。

为了激发用户对可口可乐 300mL mini 装的兴趣，可口可乐不惜投入大笔广告费在百度魔图的表情实验室植入广告。用户只要上传自己的图片到百度魔图上，系统就会自动生成带有可口可乐 mini 瓶装的“迷你的自己”的动态照片。同时可口可乐通过广告视频与百度魔图官网的首屏通栏同步进行推广。用户还可将生成的图片分享到各大社交网上，活动一开始，百度 CEO 李彦宏就率先参与了这个活动。仅开始一个月，参与其中的人数就达到了 140 万，近 92 万活跃用户在社交网站上分享自己的照片，近 30 万人参与了个人信息收集。可口可乐在百度魔图中的广告植入，让品牌成功赢得广泛的影响力，传播实效性也得到充分提升。如图 6-8 所示。

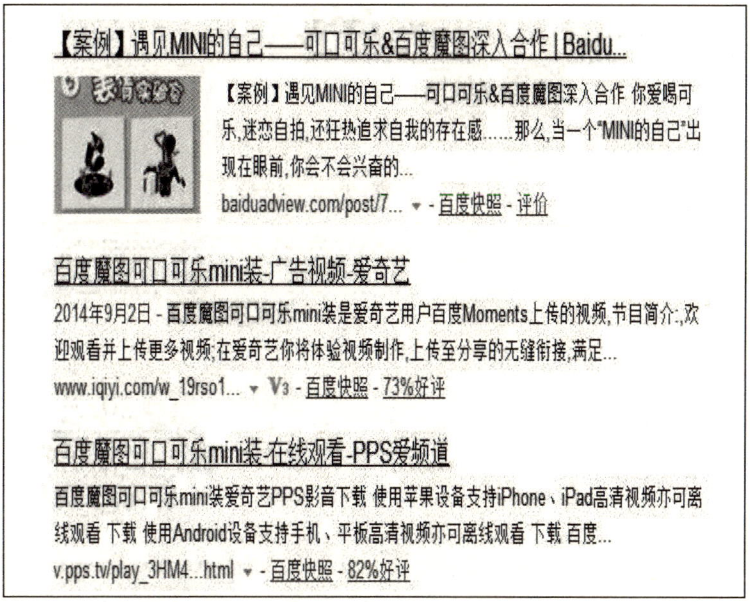
【案例】遇见MINI的自己——可口可乐&百度魔图深入合作 | Baidu...
【案例】遇见MINI的自己——可口可乐&百度魔图深入合作 你爱喝可乐,迷恋自拍,还狂热追求自我的存在感......那么,当一个"MINI的自己"出现在眼前,你会不会兴奋的...
baiduadview.com/post/7... - 百度快照 - 评价
百度魔图可口可乐mini装-广告视频-爱奇艺
2014年9月2日 - 百度魔图可口可乐mini装是爱奇艺用户百度Moments上传的视频,节目简介:,欢迎观看并上传更多视频;在爱奇艺你将体验视频制作,上传至分享的无缝衔接,满足...
www.iqiyi.com/w_19rso1... V3 - 百度快照 - 73%好评
百度魔图可口可乐mini装-在线观看-PPS爱频道
百度魔图可口可乐mini装爱奇艺PPS影音下载 使用苹果设备支持iPhone、iPad高清视频亦可离线观看 下载 使用Android设备支持手机、平板高清视频亦可离线观看 下载 百度...
v.pps.tv/play_3HM4...html - 百度快照 - 82%好评

图 6-8 两家企业的合作被媒体广泛报道

百度魔图的盈利方式非常典型，许多企业都会采取这种做法。那么，通过植入广告向广告商收取费用来盈利都有什么技巧呢？

6.3.2 先抓牢用户，再从其他渠道收取广告费

企业如果想用免费的产品在广告商身上赚取广告费，那就要先抓牢用户。企业如何将吸引来的流量变成能盈利的流量，需要看这些流量是否能成为忠实的用户了。许多企业虽然实行了免费模式，也吸引了一定的流量，但发现这些流量在逐步消失，这是什么原因造成的呢？因为它们太过“急功近利”，看到有流量进来，就迫不及待地植入广告，想通过广告把因免费而损失的资金给补回来。这样造成的结果就是，用户还没感受到你的产品，没有体验到服务的特别之处，就被一大堆广告砸得头晕眼花。面对这样的情况，用户肯定会毫不犹豫地掉头就走，因为他是进来体验产品和服务的，又不是进来看广告的。

微信曾经经历过一次大危机，就是因为在根基还不稳时，就把微信变成了一个营销基地。朋友圈广告的泛滥，让很多用户都弃用微信。这给了马晓龙团队一个警告，现在微信已经在极力控制广告的投放。

6.3.3 选择广告商要注意，否则会影响自身品牌

在移动互联网时代，品牌和产品比传统时代更适合做植入广告，不过如何才能让这些广告不影响自身的品牌形象呢？企业在选择广告商时要注意以下三点。

首先，广告商提供的内容要优质。要想不让自己的品牌受到影响，那么广告商的广告质量一定要好。广告内容有质量，用户才会看，也能减少对广告的厌烦感。其次，深内容浅广告。不要指望用户会主动去传播一个传统广告，用户会愿意分享和传播的都是一些好故事、好内容。如果广告内容好，用户也会主动分享。广告商在产品中植入的广告得到好的效果，自然就会有更多的广告商前来寻求合作。最后，植入广告要做到润物细无声。现在的植入广告越来越多，用户对广告也越来越厌烦，如果经常因为广告打断了用户对产品的体验，那么用户肯定会选择放弃使用该产品。

比如优酷在一些视频上做的广告。相信很多用户都有这种经历，当我们正非常入迷地看一部电视剧时，中间给你插入了一段几十秒或一分钟的广告，你的观影热情被打断，对优酷的好感度也就跟着降低，还有片头上超长的广告也让用户不胜其烦。如图 6-9 所示。

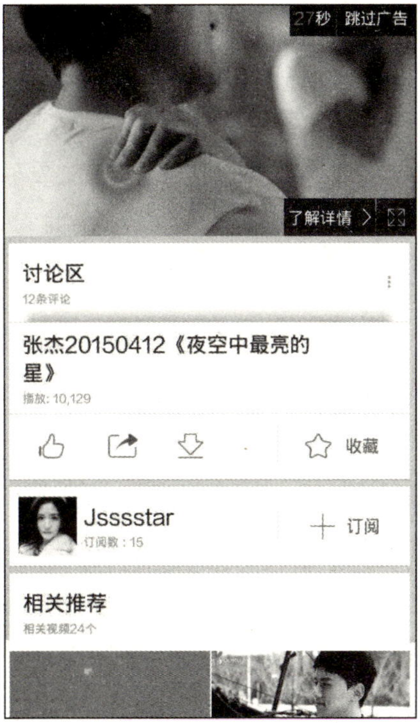

图 6-9 优酷片头中长达 1 分钟的广告

移动互联网时代，使用免费模式通过广告来收费已经成为一种很普遍的模式。但随着植入广告越来越多，企业主们一定要注意预防这些广告带给自己的负面影响。

6.4 “谈钱伤感情”，用增值服务合情合理收钱

中国自古以来就有“谈钱伤感情”这一说法，而在移动互联网时代，谈钱不仅伤感情，还伤钱！那么怎样才能避免这个情况，既不伤用户的感情又能让企业盈利呢？随着多年的摸爬滚打，互联网企业主们终于摸索出了一个新的商业模式——增值服务。

什么是增值服务？指产品和服务的基础部分继续免费，以供绝大部分用户使用，同时根据用户的需要推出一系列的增值服务，而这种增值服务是需要收费的。

增值服务其实就是一种差异化服务。因为对于大多数用户来说，企业提供的免费产品中的功能已经能满足他们的基本需求，但还是有那么一部分用户，因为有特殊的需要就形成了对产品的特殊需求。这就好像我们在车站等车，大部分乘客选择在候车厅等车，这是免费的，但有些乘客想要能好好休息一下，他们就会到茶室或者机场提供的 VIP 房中去，而这是需要收费的。机场中的咖啡厅、茶室，就是机场在免费候机室基础上增加的增值服务。

实行这种增值服务，是避免“谈钱伤感情”，并让企业盈利的最好做法。因为只有用户自己愿意才会使用增值服务，所以向增值服务付钱也是他们心甘情愿的。在这种你情我愿的情况下，收费就是一种合情合理的事，用户也不会因为要收费而跑掉。

迅雷可以说是使用增值服务盈利的最典型代表。有一段时间迅雷因为资金不足一度要卖掉，但是后来通过增值服务，迅雷成为下载软件中最赚钱的软件之一。迅雷是如何向用户收费的呢？

6.4.1 迅雷会员，一场“你情我愿”的增值收费服务

迅雷是用户较为常用的下载工具之一，用户可以直接在 PC 或手机端下载使用，并自行安装，无需任何费用就能享受迅雷提供的下载服务。迅雷的下载速度比起一般的下载方式要快得多，对于绝大部分用户来说已经足够了。自 2003 年迅雷创立以来，就依靠这一免费模式吸引了不少用户。

2009 年，迅雷的用户数量已过亿，在这基础上迅雷开始推出了会员制，成为会员的用户，可以享受到迅雷提供的差异化服务。刚开始时，迅雷就是依靠这一项增值服务实现盈利的。迅雷的会员分为 3 种，分别为普通会员、白金会员、钻石会员，其入会的年收费分别为 99 元、149 元、250 元。普通会员可享受自己做广告、使用定量的高速下载通道和离线空间等；白金会员在普通会员的基础上，还可享受云播服务、在线观看 bt 种子、使用 1 000GB/ 月的高速下载通道；钻石会员则在前两项的基础上，还可使用手机

迅雷高速通道加速下载。如图 6-10 所示。

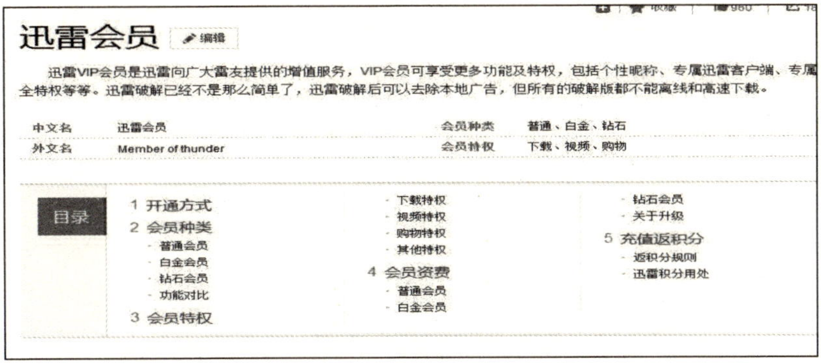

图 6-10 百度上关于“迅雷会员”的介绍

截至 2010 年，迅雷的会员人数就突破了 100 万人，连续 3 年，迅雷的营收都达到 100% 的增长。到 2012 年，会员数突破了 350 万人。2009 年到 2011 年期间，迅雷单是依靠会员增值服务就分别实现了 1.6 亿、2.7 亿、5.56 亿元的盈利。现在迅雷的增值服务还在不断增加，免费的用户数量也在不断增加。

从迅雷的案例来看，企业和用户之间是可以避免“谈钱伤感情的”。不过企业在使用增值服务盈利时，还是有几点需要注意。

6.4.2 着眼需求，定性分类增值服务

企业想要通过增值服务盈利，一定要抓住两点。第一，深入调查，抓住用户的需求。企业推出的增值服务只有建立在用户有需求和喜欢的基础上才有可能会成功，只有用户需要了、喜欢了，才会向企业订购这些增值服务。第二，科学分类，明确增值服务的方向。要做好增值服务的分类工作，明确它们各自所包含的内容。只有这样，用户才能知道该怎么订购自己所需要的增值服务。

腾讯 QQ 推出的一系列红钻、蓝钻、绿钻、黄钻等钻石会员增值服务，就是在用户需求的基础上推出的，而且它们的分类和各自所包含的内容也非

常清楚。QQ 会员能享受普通会员无法享受的很多特权，如加速 QQ 等级升级、使用魔法表情、好友恢复等，如图 6-11 所示；红钻是设计 QQ 秀、玩特定游戏用的；黄钻是用来装扮空间，和使用 QQ 空间中一些功能用的；绿钻专门针对音乐方面的服务，例如点播歌曲、下载高品质歌曲；蓝钻则是专门为 QQ 游戏的用户准备的，例如加入蓝钻的用户在玩斗地主、连连看时，就可以踢人。腾讯这种基于用户需求，并明确定位服务内容的会员服务受到很多用户的喜爱，腾讯也依靠这些增值服务来了个大翻身。

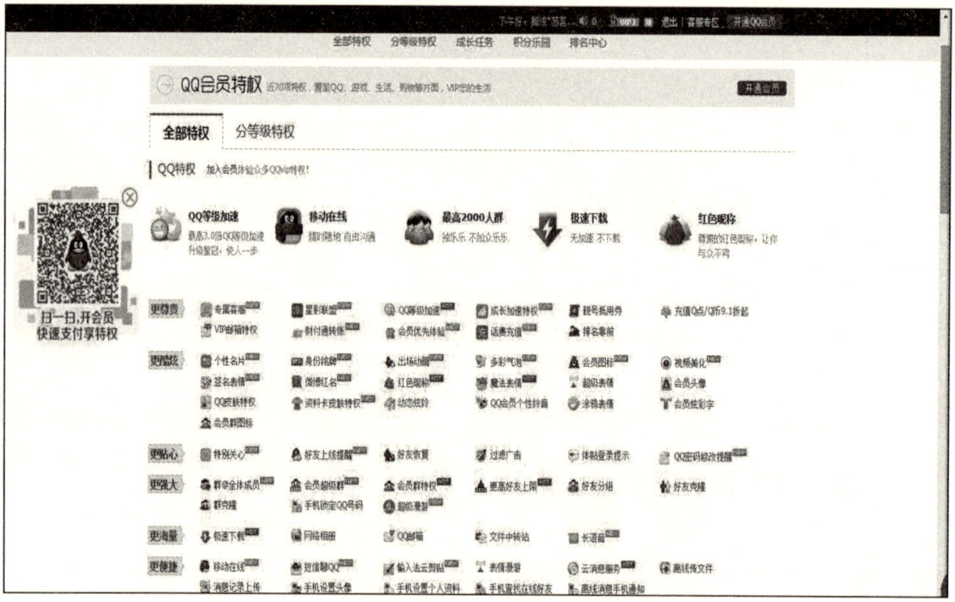

图 6-11 QQ 会员特权

6.4.3 定量推出增值服务，并持续更新

为用户提供切实有效的服务项目组合是增值服务能否成功的关键所在，所以质量一定要保证好。一是定量推出增值服务。如果你一下子就推出多项增值服务，用户肯定消化不了，企业也没有足够的精力将每一项增值服务都做到完美。所以一次推出一两项增值服务就足够了，保量才能保质。二是要经常收集分析数据，对产品的增值服务经常做迭代更新。

腾讯的 QQ 多年来就一直在持续改进，从最初只能简单装扮自己的人物形象，到现在能让用户随意选择的场景秀，如图 6-12 所示。为了给用户增加更多的趣味性，QQ 秀还增加了施展魔法诅咒或解咒的趣味小游戏。每次 QQ 秀的一点小改进，都会让红钻会员感到惊喜，并觉得订购这项增值服务越来越划算。

图 6-12 QQ 秀

收费即死，不收费也死！收费用户流失，不收费企业无法持续运营，而能平衡两者的唯有增值服务。所有还在为收不收费而苦恼的企业主们也赶快实行适合自己的增值服务吧！

6.5 将红包发到底，从中得更大流量

今年春节，亲戚朋友们碰见开口的第一句不是“新年好”，也不是“恭喜发财”，而是“你今年抢了多少红包？”但这个红包可不是指我们传统意义的那个红包，而是通过手机微博、手机摇一摇、微信扫一扫而得来的红包。

从微信红包出现后，在移动端发红包和抢红包就成为一种潮流，各个明星在微博、微信上发红包让粉丝来抢，朋友之间分发红包，让朋友随机抽取，电视节目上用户只要打开微信摇一摇或扫一扫二维码，就能得到节目组派发的红包。说这两年是红包年一点也不为过，2015 年的羊年春晚更是让数亿人陷入了疯狂戳屏和不断摇手机的疯狂状态。数据显示，除夕当晚共有 6.83 亿人使用了支付宝红包，而微信红包的收发总量也达到了 10.1 亿次。

为什么“抢红包”会如此之火，无论企业还是明星，甚至个人都这么热衷派发红包？其实这背后还是因为通过给用户派发红包，可以吸引到更多的流量。微信和支付宝之间热火朝天的红包大战，也是因为是对支付入口的争夺，也就是说它们争的是用户，争的是流量。现在我们就来看看微信和支付宝是如何通过红包来吸引流量的吧！

6.5.1 又起硝烟：支付宝与微信支付的红包大战

支付宝讨红包——“抢红包”培养用户使用习惯：2014 年 1 月 23 日晚，用户打开支付宝钱包后，发现增加了一个叫做“新年讨红包”的功能，而这个功能在上线的第一天，发送的红包总额就超过了 1800 万个。根据支付宝的官方统计，仅一天时间，就有 7.9 万名用户发起了 31 万次“讨红包”的活动，而发红包的用户数也达到了 7.2 万人，一共发出了 22 万个红包，有 3.9 万人成功拿到了红包，成功率高达 49.2%。如图 6-13 所示。

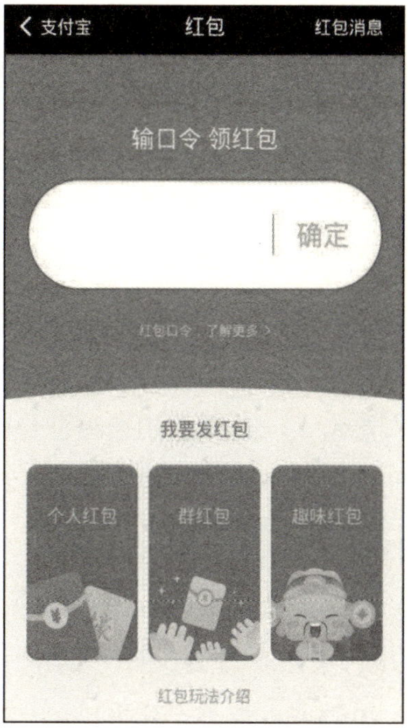

图 6-13 支付宝红包

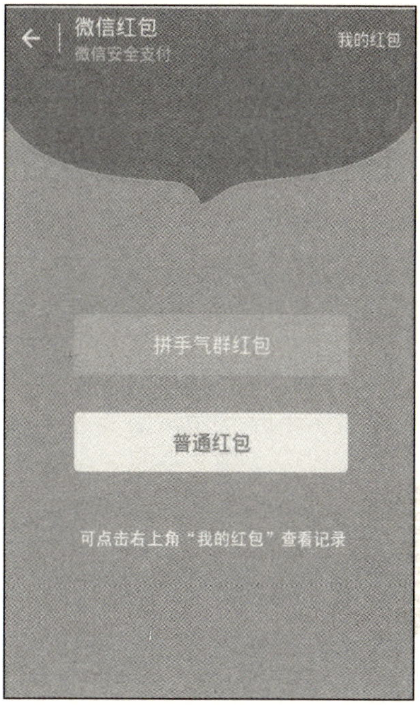

图 6-14 微信红包

支付宝之所以会推出这项功能，目的是为了培养用户使用手机支付平台的习惯，提升移动端的流动金额，让产品真正被用户用起来，以期抢在微信之前，吸引更多的流量。

微信抢红包——让绑定用户来得更猛烈：从 2015 年除夕到初八，超过 800 万用户参与了抢红包的活动，超过了 4 000 万个红包被领取，平均每人能抢到 4~5 个红包，在最高峰时段，一分钟内就有 2.5 万个红包被领取。这个成绩让微信迅速成为互联网金融新晋的“吸金大户”，有消息称：“微信红包一个晚上就让支付宝 8 年的辛苦白费了，一晚绑定的银行卡用户就超过了 1 亿个。”如图 6-14 所示。

显然，微信红包的成功是因为它懂得通过红包圈定用户，把用户的账号、资金、支付体系拉到了平台上，让其运用到更多的应用场景中。

发红包已经成为企业一种新的抢占流量的有效手段，这种新潮又实在的方式不只用户喜欢，企业也喜欢，因为比起其他吸引流量的手段，给用户发红包无疑是其中最轻松的一种。那么，企业给用户发红包都有什么需要注意的呢？

6.5.2 红包也要发得有创意

“发红包”虽然新潮又实在，但是已经有很多企业使用过这种手段，所以用户对赤裸裸地发红包的活动已经产生抵抗能力，它们的诱惑性已不如刚开始时那么大。有些用户干脆抢完红包就直接走人，让企业想通过红包吸引流量的目的打了水漂。所以企业要想自己的“红包”能发挥最大效应，就要加入一些创意性，让用户“有得拿还有得玩”。

南昌万达文化旅游城就玩了一次非常有创意的抢红包活动。2015 年 4 月 8 日爱房网微信发布了一条新闻，通知用户 4 月 8 日到 4 月 10 期间，南昌万达文化旅游城狂甩千万个红包。用户不用戳手机也不用摇手机，只要进入公众号，回复 4，就可以进入抢红包页面。如图 6-15 所示。而且爱房网还设置了一种特别的方式让用户抢红包，在页面上设置了 3 次戳红包的机会，然后页面会跳出几个不停在跳动的红包让用户去戳，一共有 3 次机会。如图 6-16 所示。这一点比传统的摇一摇、扫一扫更有新鲜感。同时红包中不只有现金，还有代金券，以及林志颖南昌万达旅游城见面会的门票，可以让喜爱林志颖的粉丝们一圆见偶像的心愿。

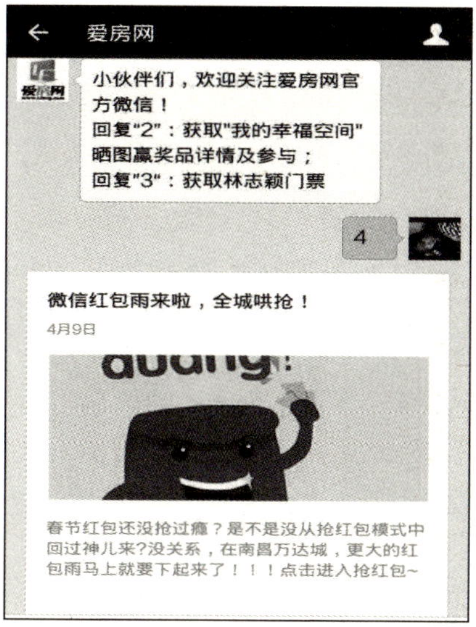

图 6-15 南昌万达文化旅游城的微信红包活动

图 6-16 抢红包的过程

这种新颖的抢红包方式让用户感到非常有趣，截至 2015 年 4 月 9 日，就有 7 000 多人参加了这个活动。不得不说，爱房网的红包得到了最好的回馈。

6.5.3 红包不要太小

正所谓“舍不得孩子套不住狼”，既然要发红包就要给点力，红包的金额发大一点。支付宝和微信号称拿了几十亿元出来发红包，可是大多数的用户抢到的金额不超过两块钱，小的甚至只有 5 毛钱。这么小的红包让用户纷纷在网上吐槽，支付宝和微信是赔了夫人又折兵，这全都是红包太小闹的。不过支付宝和微信的用户实在太庞大，如果每个红包都几十几百的话，马云和马化腾估计损失不小。不过其他企业完全可以不用参照这种做法，将红包数设置得少一点，红包金额设置得大一点，一样能得到想要的效果。香港千姿国际这一点就做得非常好，它给出的红包总额并不大，但是每个红包设置的金额却不小，有网友还抢到了 30.9 元的红包现金。如图 6-17 所示。这比包个 5 毛钱红包，然后发放几十万个，且人人都有份来得有趣多了。

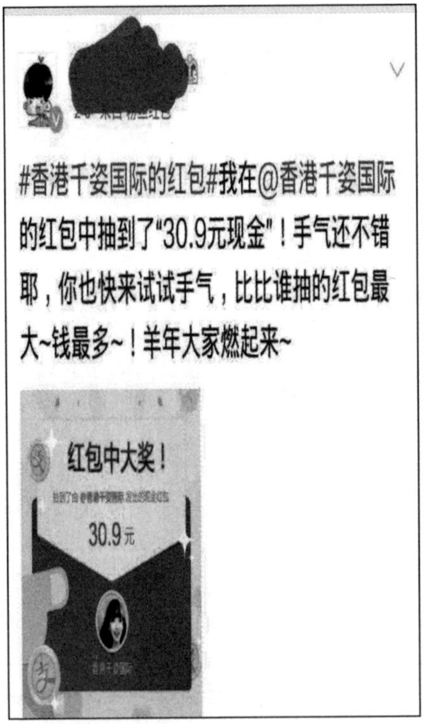

图 6-17 网友从微博上抢来的红包

总而言之，按照目前的发展趋势，在未来的日子红包肯定会越来越火。所以各个企业主们就将红包发到底，然后获得更多更大的流量吧！

第7章

粉丝是最强大的生产力

什么是粉丝经济？百度百科这样解释：“社交网络时代，架构在粉丝和被关注者关系之上的经营性创收行为，通常情况下有着较高知名度的明星、偶像和行业名人是社交平台上被关注的热点，并因此有着很高的经济价值。”

移动互联网时代里，很多企业像明星一样拥有一大批狂热的粉丝。他们就像粉丝对明星一样，对自己喜爱的产品表现出极大的狂热和关心，不但能成为企业产品的最有力购买者，还是口碑传播的中坚力量。

7.1 得了粉丝未必就能赢天下，还应得到他的心

2015年4月8号的“米粉节”是小米的狂欢之日，也是小米粉丝们的“剁手日”，小米总共售出了212万台手机、3.36万台小米电视、7.9万台路由器、77万个智能硬件设备，产生了305万份的订单，销售总金额达到20.8亿元。仅仅一天，就有这么傲人的成绩，可以说这里面有很大一部分是米粉的功劳，他们在米粉节还未开始前就做足了准备，并自发为米粉节做宣传。由此可见，小米确实赢得了他们的心。

在移动互联网时代，粉丝的重要性变得更加明显。它就像是企业的空气，没有了空气企业就无法呼吸，那么其他一切维持生命的资源都变得不再重要。所以在移动互联网的时代中，企业要想有所发展，首先就要赢得粉丝，但赢得粉丝也不代表就能赢得天下。如果想利用粉丝帮你打天下，先需要赢得他们的心。这个道理就和古代将军带兵打仗一样，要想这支军队真正为自己所用，就要得到他们真正的服从，也就是说，“带兵先带心”。

看看现在那些成功的互联网企业，它们为什么能成功，大都是因为得到了粉丝的心，让粉丝像士兵一样忠诚，心甘情愿地成为产品的传播者，为企业冲锋陷阵。

英语流利说是一款英语口语练习手机软件，它的成功很大一部分也是因为粉丝。英语流利说的创始人王翌深谙粉丝的经营之道，现在就来看看他是怎样经营粉丝，赢得粉丝心的吧！

7.1.1 英语流利说——一款能抓心的“神奇”软件

王翌开发英语流利说的原因是因为看到喜欢英语的人往往不方便练习。英语是一种需要不断练习的语言，但是一般人们练习英语都是自己对着自

己，或者花钱找外教，而且经常会因为忙碌而忘记学习英语。王翌在看到移动互联网的发展趋势以及手机 App 的火热之后，萌生了一个想法，就是将口语练习搬到手机上，让用户对着手机练口语，这个想法的可行之处就是手机能满足练习口语的硬件条件，有录音的麦克风和播放声音的扬声器。而且手机可以随身携带，用户在任何碎片化的时间里都可以拿出来练习。

软件开发出来之后，确实得到很多用户的关注，也积累了不少粉丝。但是王翌觉得这还不够，这款软件还没有真正好用、有趣到赢得粉丝的心，让他们情不自禁地为自己做宣传。王翌考虑到口语练习并非像语音聊天和唱吧 K 歌那样轻松有趣，粉丝很可能会因为枯燥和无聊而中途弃用。为了抓住粉丝的心，激励粉丝坚持下去，他将游戏闯关解锁和社交元素搬到英语流利说上，粉丝只有闯关成功才能开启下一个关卡。这一点无疑增加了练习口语时的挑战性，激起粉丝不服输的心。

英语流利说分为修炼和闯关两个阶段，如图7-1所示。在修炼阶段，粉丝可以模仿双人对话并进行录音，然后英语流利说会根据发音、声调、短句给粉丝打分。不标准的地方还会用红色标出，让粉丝明白自己发音不准确的地方，同时还会为单词设置发音攻略，帮助粉丝发好这个音，如图7-2所示，正确的单词则用绿色标出。粉丝感觉练习熟练之后，就可闯关，扮演其中一方与系统对话。流利说一样会用星星表示是否闯关成功。如图7-3所示。

图 7-1 英语流利说“修炼”功能

图 7-2 英语流利说“单词练习”功能

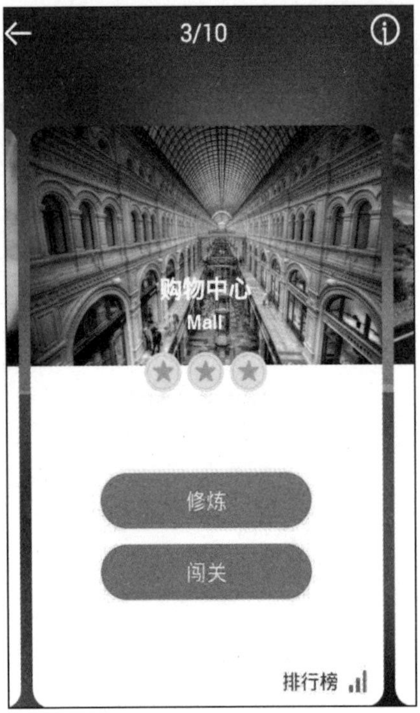

图 7-3 英语流利说“星星打分”功能

图 7-4 英语流利说“社群”功能

王翌无疑非常明白粉丝的需要，设置的各个功能都是根据粉丝的需要而来。除了在功能上抓住粉丝的心，王翌还设置了流利小组，如图 7-4 所示，就像 QQ 群一样，增加社交功能，让粉丝之间进行互动，通过这种交流，加固粉丝对流利说的情感。小组的组长还会给组员布置作业，培养一种老师与学生的情感。这些无疑都是增进双方情感的好方式。

现在英语流利说的粉丝已经突破 1 200 万人，每月新增用户高达 100 万人，QQ 上还有专门的 QQ 群。到目前为止，英语流利说没有花一分钱在推广、宣传上面。能有如此佳绩，是因为过硬的质量得到了粉丝的心。粉丝会主动通过 QQ 群、微博、微信等方式给流利说做宣传。有时还会推荐给身边的人使用，因为他们认为这款软件确实非常好，他们是打心底里认同和喜爱。

英语流利说的成功，让我们知道一款产品想要成功，粉丝的力量不可小觑。那么除了依靠过硬的产品质量来赢得粉丝的心，还需要其他的什么因素呢？

7.1.2 产品要不断创新

创新的思维，这在任何时代、任何企业都是必备的成功因素。人是一种喜新厌旧的动物，如果想要一直获得粉丝的“宠爱”，就需要不断给用户带来新鲜感。所以不断改进自己的产品，不断对自己的产品做创新是维持新鲜感的必行之事。就像大部分女孩子爱买新衣服一样，因为她们衣柜里的衣服都穿腻了，不能给自己也不能给别人带来新鲜感，所以需要去购买一些新的、流行的款式来重新装扮自己。

所以，企业对待粉丝也要像女孩子对待自己一样，不断地给自己买新衣服，不断地创造新鲜感，这样才能让粉丝的喜爱经久不灭。

7.1.3 根据粉丝的心理设计产品

和创新一样，这也是成功必备要素。产品只有符合粉丝的需要，粉丝才会用它，产品的文化和情感满足了用户的心理，用户才能喜欢上它。这也是我们一直在强调的。

比如酷我音乐手机客户端，每天都会推出几个音乐主题，这些主题就是根据粉丝的心理来设计的，例如“给你清新正能量”的音乐歌单“那些年的音乐课本”，如图 7-5 所示，这些是根据用户习惯正能量、喜欢怀旧的心理设计的。酷我还有一些电台、MV 的设计，这些是根据用户喜欢看听电台音乐、喜欢看 MV 的习惯而设计的，电台中还包括了评书、鬼故事等之类的主题，并不是单纯地以音乐为主。如图 7-6 所示。

图 7-5 酷我音乐“歌单推荐”功能

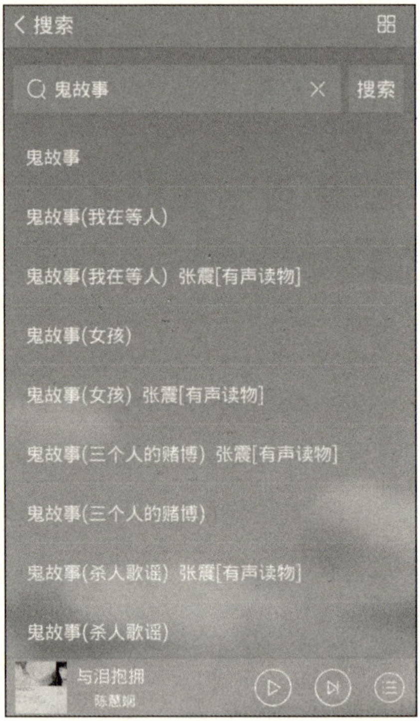

图 7-6 酷我音乐“电台”

“得民心者得天下”，这就是移动互联网的制胜之道，所以仅仅得了粉丝是不够的，最重要的还是得到他们的心，让他们成为自己人。

7.2 给新老客户不同优待，才能获得“死忠粉”

有些企业虽然粉丝数量庞大，但却是散粉居多，很少有死忠粉。所以就会出现这么一种现象（以明星为例）：明星的微博粉丝数都几千万的，但是每当有新作品上市，却没有什么热度，除了客观的因素，最主要的原因就是因为没有什么死忠粉。散粉只有在作品特别好的情况下才会愿意为你花钱买电影票、为你打开电视贡献收视率。所以对于企业来说，一旦企业有什么变动，掉粉就呈直线下降的速度。

散粉很容易被其他更新鲜的事物所吸引，所以常常关注你之后，又去关注别人。同时他们的消费能力也很差，对产品的销售业绩没有什么贡献，更别说成为企业的传播者，为产品做口碑宣传了。

企业如果想要口碑，要业绩，就需要多培养一些“死忠粉”，死忠粉不论对企业的销售业绩、口碑传播都有极大的帮助。那么企业如何才能获得“死忠粉”呢？可以采取给予新老客户不同优待的方式。

淘宝网里有一家双金冠网店在这一方面就做得非常不错。它能在集市店中做到双金冠，大部分就是依靠网店的死忠粉，它就是淘宝女装“森女部落”。现在我们就来看看，它如何通过给予新老客户不同优待而获得大批死忠粉的吧！

7.2.1 森女部落：从新买家到死忠粉的转变

先来看看它是如何对待新客户的。每次有新的买家进店购买服装，客服都会第一时间做好热情接待工作，耐心与新客户沟通，客服经常会主动询问用户一些问题，例如你都偏爱什么款式的衣服，是不是经常上网淘宝之类。他们这么做是为了做好客户资料收集工作，方便日后跟进工作，同时也方便给出一些能讨用户欢心的优惠。一般来说，森女部落对第一次前来购物的客户，都会主动送上一份代金券，并且不限定使用的日期。如果在收集客户资料的过程中，发现新客户的一些喜好，而自己又能满足的，森女也会作为赠品附在快件中，给客户一个意想不到的惊喜。例如有些用户特别喜欢收集腰带，森女部落就会为该用户送上一条特别的或者能与服饰搭配的腰带。客户往往都会因此而感到惊喜，在下次有需要时会第一时间到森女部落看一看，并使用代金券。如图 7-7 所示。

图 7-7 “森女部落”近期活动

这是森女部落对待新客户的方法之一。通过这些优惠活动，新客户就会变成老客户。那么现在就来看看它是如何对待老客户，并把老客户发展成忠实粉丝的！

首先为老客户无条件设置 VIP，让老客户每次到店内购买都能够享受到新客户所没有且类型不同的优惠。例如不同形式的打折，或者购满多少、VIP 用户另送礼品等。这样让老客户充分感受到他与一般客户的不同。除了给予物质上的优惠，森女部落对于老客户情感上的关注也是不同的，除了定期的节假日问候、关怀短信，还会在特定的节日免费为用户送上一份礼品。例如中秋节用户在店内下单就会送上一份月饼，用户生日到店内购物就会给用户送上一份特别的生日礼物，具体的内容则依实际情况而定。

森女部落就是依靠物质优惠、情感关注双管齐下的方式让这些让客户变成自己的“死忠粉”，这些死忠粉不但自己会到店内去购物，还会介绍身边的朋友到森女部落去购买服饰。即使有时候森女部落的服务出现了一些小问题，她们也会给予五分好评。

森女部落这种给予新老客户不同优待的方式，让新客户变成了老客户，让老客户变成了死忠粉。如果企业主们还在为没有死忠粉而烦恼的话，或许可学习森女部落的这种做法。不过在实施的过程中，还要做好以下两点才能发挥出效果。

7.2.2 根据自身情况来给予新老客户不同优待

每个企业都有每个企业的特色，给予客户优待时也要根据自己的实际情况来，不能照抄或者照搬别人的模式，这样不但得不到好的效果，反而可能适得其反，给企业或者给客户情感带来严重伤害。就像有些企业为了奖励老客户，学支付宝给用户发红包，但是因为企业资金限制的原因，红包小得可怜，客户不但不认为你给了他优待，还会认为你怎么这么小气，只给这么一点。所以说，给客户优待以期让他们变成自己的“死忠粉”，一定要结合自身的情况，找到最适合的方式，否则不如不给。

就像手游类游戏消灭星星，它就是根据自身特色给予客户优待的。对第一次使用支付系统购买道具的用户，它会给予翻倍奖励。也就是说第一次买到的道具是同等金额下正常购买得到道具的 2 倍，除了这些还有针对新客户的购买折扣，如图 7-8 所示。这种优待方式也非常符合产品特色以及用户的需要，新客户因为是刚刚玩游戏，失败的几率比较高，所以需要多一点的道具作为帮助。

图 7-8 消灭星星

7.2.3 不要把物质优待当成唯一的优待方式

很多企业抱着“有钱我就是老大，金钱就是万能”的想法，认为给了用户优待，用户自然就会变成自己的死忠粉。这是大错特错的想法，有些客户对于物质优待并不是特别感冒，而且只因为物质优待就变成死忠粉的，也不是真正意义上的死忠粉。因为这种情况得来的粉丝，一旦发现别的企业能给予它更多的物质优待，它就会马上变节。所以给予优待，最好采取双管齐下的方式——精神和物质优待一起实施。

例如有些明星回馈粉丝的做法，他们在某报刊上发表自己写给粉丝的一封信，表达自己对粉丝的感情。粉丝们看到这些信都非常感动，认为自己的付出得到了回报，并且更加喜爱自己的偶像。这种情感上的回馈远比那种送门票、送签名海报更能让粉丝感动。所以，企业也可采取这样的做法，除了给用户物质上的优待，也可以从情感上、精神上入手。

总而言之，死忠粉才是企业生存的王道，有了死忠粉企业才能有更多的底气去发展。

7.3 双向互动体现粉丝地位

企业经营粉丝的最终目的是什么？是为了销售，为了销售企业才会努力发展粉丝，与粉丝达成交易。所以企业与粉丝之间的互动就变得十分重要。很多企业不注重这一点，在经营企业的过程中忽略了与用户互动，狭隘地认为只要自己的产品够好，自然就会有粉丝。其实这种想法是错误的，吸引粉丝仅仅依靠产品是远远不够的。

移动互联网的核心是用户，是粉丝。那么拉拢用户、拉拢粉丝的核心是什么？对了，就是互动。与用户进行互动，用户才能感觉到企业是活的，是可以接近的；也只有互动才能让粉丝感觉到自己是被需要、被尊重的，自己在企业心中是有地位的。

企业如果想吸引更多的粉丝或者巩固自己在粉丝心目中的地位，就必须加强与粉丝之间的沟通、互动，了解粉丝的需求，从而才能更好地营销自己、改造自己。我们可以看看那些成功的企业，它们大都十分注重与粉丝的互动。它们相信，与粉丝互动，是企业在移动互联网中赢得胜利的一个重要基点。

康师傅虽然是一家传统的快消企业，但它利用移动社交媒体与粉丝的互动工作一直做得比较多，康师傅红茶曾经发起的一个微信互动营销广告效果就非常不错。现在我们就来看看它是如何与粉丝进行互动的吧！

7.3.1 康师傅红茶：冰力互动，痛快聊增加人气

康师傅冰红茶在加入微信之后，明白只有让公众号的粉丝活跃起来，

才能扩大企业每次策划的营销活动的影响力，所以，康师傅红茶为了让粉丝活跃起来，增加了“打印照片”的板块。

用户只要关注康师傅冰红茶，并按照提示回复 1 ，选择自己的一张照片发送过去，然后回复打印机屏幕上的验证码，或者选择先编辑照片，加入文字后就可编辑成功。如图 7-9 所示。

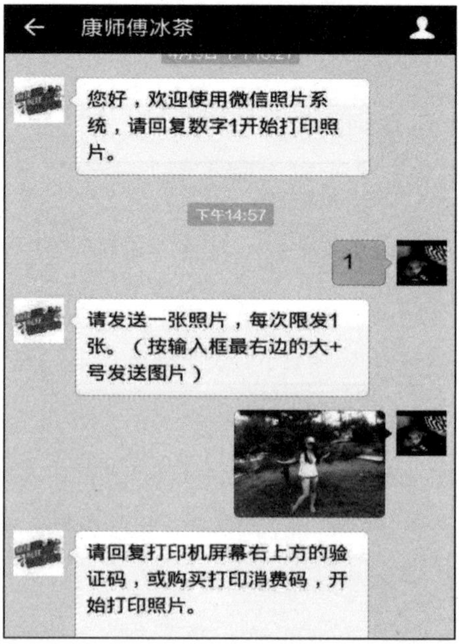

图 7-9 康师傅冰茶的“打印照片”活动

除了打印照片，康师傅还发起了“注册赢大礼”的活动，用户关注微信平台后，点击页面，在该页面用自己的手机号注册为会员，就可得到康师傅送出的大礼包一份。

有了这种互动之后，粉丝自然会对企业产生好感，也会形成时常关注企业的习惯，这无形之中大大增加了康师傅的人气。

与粉丝互动才能激活粉丝，才能让粉丝产生为企业做贡献的兴趣。那么企业在与粉丝做互动时，需要从哪些方面入手呢？

7.3.2 从体验方式入手与粉丝进行互动

粉丝在购物时往往需要了解一些情况，或者咨询某些事情，但是很多企业往往在这方面做得很不完善，例如只用“你好，需要什么帮助吗？”然后将答案设置成一些制式的自动回答，让粉丝产生一种服务好烂或者自己不受尊重的感觉。如今的粉丝非常注重与企业之间的互动。就像我们去商店买衣服，向导购咨询一些问题，但是他们却采取一种爱答不理的态度，那么我们肯定就不会继续自己的消费行为。因为感觉到自己不受尊重，完全可以选择到另一家店购买。

全国十佳饼店金凤成祥在这一方面做得非常好。它也采取了 O2O 的模式，这样做的蛋糕店也很多，可是做的如金凤成祥一样出彩的却并不多。金凤成祥能成功主要是因为它非常注重为用户带去好的购物体验和互动。进入官网，金凤成祥人工客服的头像一直在闪动，粉丝有什么问题就能立刻点击询问，客服会在第一时间响应，并为粉丝送上最满意的答案。与此同时，它也在不断更新自己的官网页面，改善自己的付款流程，不断提升用户的购物体验。如图 7-10 所示。

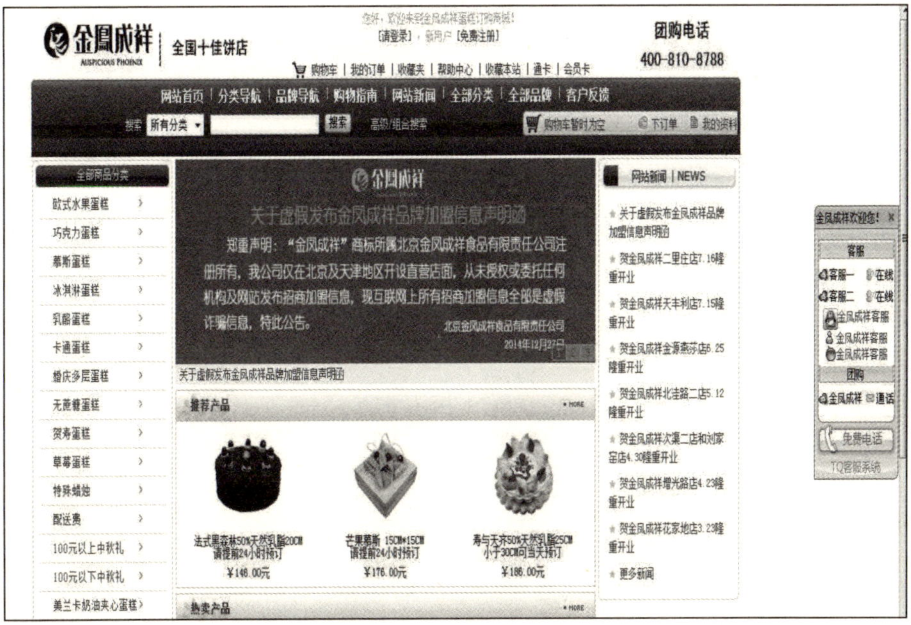

图 7-10 金凤成祥网店

7.3.3 利用各个工具与粉丝进行互动

QQ、微博、微信是与粉丝互动的最佳平台，企业可以在这些平台中与粉丝进行有趣生动的互动。例如企业可以通过微信公众平台、微博官网向用户发送优惠促销活动信息，新品上市信息等。或者利用QQ、微信向粉丝定期送上关心、体贴的问候，让粉丝感觉到企业的贴心，从而增加黏性。

比如飘柔在微信公众号上的客服，除了与客户进行一对一的互动，还会利用微信公众号给粉丝发送信息、为粉丝唱歌、讲笑话等。飘柔的这种互动方式，让粉丝充分体会到自己的重要性，从而一有空就上微信找“小飘”聊聊天。如图 7-11 所示。

一个能够获得粉丝认可的企业，一定是非常懂得与粉丝进行互动的企业。

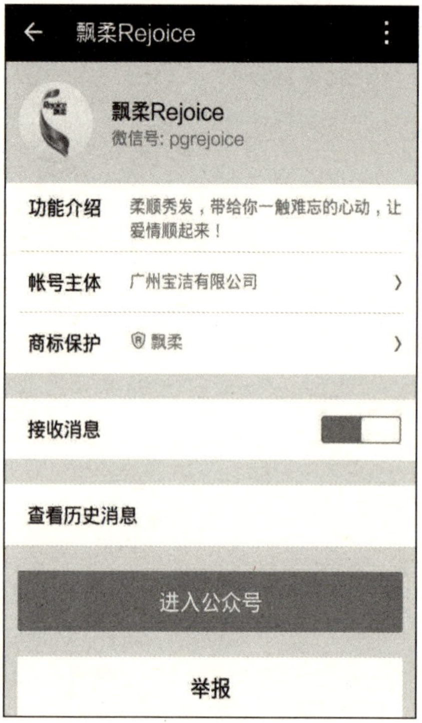

图 7-11 飘柔公众号

7.4 用情感培养粉丝，缺陷产品也会被接受

2013 年 11 月 12 日，内地明星韩庚在发布会上推出了一款个人定制智能手机——庚 Phone。这是一款采用 C2B 模式的“深度定制”手机，也是内地第一款明星深度定制手机。这款手机借着拥有超高人气的韩庚于当日正式面世，而借助这个活动被大众所熟知的粉丝经济又一次进入了人们的视野。只要是明星，就一定有粉丝，特别是一些偶像明星，更拥有为数众多的狂热粉，粉丝们对偶像的崇拜达到一定程度之后，就会购买与明星相关的产品以满足精神上的需求。这就是粉丝带来的经济力量。

这款手机本身带有很大缺陷，无论是功能、设计、价格都与市面上的畅销手机无法相比，但还是有不少人购买，购买者很大一部分就是韩庚的粉丝。为什么这些粉丝愿意购买这款有缺陷的手机产品呢？因为粉丝对韩庚的喜爱。他们对偶像注入了情感，自然爱屋及乌，不管产品有什么缺陷，他们都能接受。

从韩庚的例子可知企业培养粉丝时，如果以情感的方式培养比用物质的方式培养，效果好得多，用情感培养起来的粉丝更加忠诚。他们不会在企业有苦难时落井下石，反而还会帮一把。与此同理，企业用情感培养起来的粉丝，即使企业推出的产品有缺陷，他们也会因为要表示对企业的支持，而去接受它。

魅族可以说是粉丝文化的鼻祖，几乎没有哪家中国厂商能像它一样拥有那么多对其产品、品牌、文化、创始人由衷追捧、津津乐道、不离不弃的消费者粉丝——这种粉丝文化一枝独秀的状况直到小米手机出现才被打破。那么现在就来看看它是怎样成为这种粉丝文化鼻祖的吧！

7.4.1 魅族：煤友的感情不一般

如图 7-12 所示，魅族没有太多产品，也没其他广告收入，但魅族依然在前有苹果、三星等国外手机巨头夹攻，后有小米、华为等本土品牌围堵的情况下，走出了一条属于自己的独特的成功道路。不得不说，魅族获得的成功，最大的主因还是因为它拥有虽不如苹果、小米多但却比它们忠贞、坚强的粉丝群。

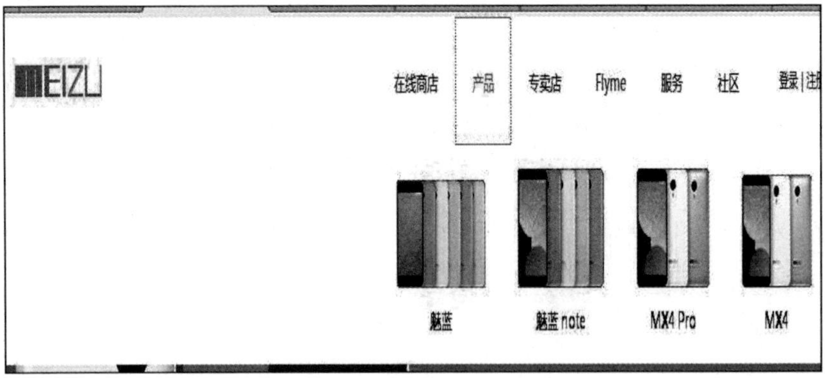

图 7-12 “魅族”旗下的几款手机

其实魅族手机相比于其他手机并没有什么出彩的地方，也存在着许多缺陷。首先产品研发速度慢。不像以“快速迭代”为追求的小米，魅族对每一款手机都要精工细作，没做到它们眼中的完美绝对不会将之推出市场。这种追求完美的态度自然会严重拖慢产品的上市速度。从魅族生产 MP3 开始，十几年时间仅推出了十余款，更别说手机了，M8 手机上市就花了两年的时间。其次，系统软件的不稳定性。魅族更改了 Android 的大量代码，虽然更加人性，但却出现了不稳定的情况。新近更新的基于 Android 4.0 开发的 Flyme 也出现这种情况。最后，专卖店服务水平参差不齐。魅族一共有 400 家专卖店，但每家专卖店的服务水平却不一样，有些专卖店较为专业，对魅族的专业知识比较了解，能为粉丝提供较为专业的服务，但是有些专卖店的店员甚至连手机的性能都不太了解。

这些缺点，“煤油”们也都了解，有些缺点甚至是他们自己发现的，但是这依然改变不了他们对魅族手机的狂热之情。每次有新机出现，“煤油”们都会不畏辛苦地赶去排队购买。就如 2013 年 8 月魅族推出 MX4 时，上海市虹口区四川北路魅族专卖店门口就出现长达百米的队伍，排队人数不下 300 人，而且当时仅仅只是早上十点多。魅族粉丝的这种狂热就像我们看到某些粉丝去迎接偶像巨星一样。

魅族之所以能拥这么一批明知产品有缺陷也能欣然接受的粉丝，就是因为它不是用物质去培养他们，而是用情感。首先，它给予用户绝对平等，甚至可以说凌驾于自身之上的地位。魅族在开发产品时采取对用户完全开放的策略。每一款产品都会与用户进行频繁互动，产品性能、包装等各个细节都让用户参与进来，就像M8手机，虽然用了两年的时间开发，但是这两年通过与用户的互动，已经死死地黏住了他们，让他们心甘情愿地等待两年时间。其次，魅族为用户所设立的论坛文化。2003年6月，魅族的第一款MP3随身听上市后，魅族就为用户开通了网站论坛。正是这个论坛，成就魅族如今的江湖地位。很多用户都是在论坛中发展成魅族忠实粉丝的，在这里煤友就像一个大家族，互相交流沟通。魅族老板黄章每天都会花几个小时泡在论坛上，与粉丝们进行互动。所以魅族里有不少粉丝是黄章本人的死忠粉。

在魅族身上我们看到了用情感培养粉丝的重要性，那么在具体操作的过程中，都有哪些技巧？或者有哪些地方需要注意的呢？

7.4.2 通过互动与粉丝培养感情

既然要用情感培养粉丝，那么就不能一直站在高高的神坛上俯瞰粉丝，让粉丝膜拜。移动互联网时代，经营粉丝的方法早与过去不同。过去粉丝对偶像是有着距离美，把偶像看成不平凡的人，所以有很多明星一旦恋爱或者结婚，粉丝就纷纷离去。而现在完全不一样，粉丝喜欢接地气的明星，与他们一样能恋爱、结婚、生子的明星，他们会因为这种同质感而更喜欢明星，他们喜欢明星与自己毫无距离的互动。企业经营粉丝的道理也一样，也要让自己接地气，经常与粉丝互动，让粉丝把自己当成是朋友、情人，而不是一种随时都能改变的崇拜情绪。

就像皇太极煎饼，它之所以能火爆网络，拥有一大批死忠粉，就是因为赫畅重视粉丝，每天都花大量时间与粉丝进行互动，通过互动与粉丝慢慢培养起来感情。

7.4.3 别把粉丝当成你的提款机

很多企业经营粉丝的功利性太明显，它们讨好粉丝，与粉丝培养感情的目的就是为了粉丝账户上的钱。当然，经营粉丝的目的确实是盈利，但不能把这种盈利的目的看得大过一切，表现得太明显，不但拉拢不了粉丝，反而还会招来他们的反感。

三只松鼠为什么能获得如此大的成功，就是因为它并没有让买家感觉到："你对我所有的热情问候，都是冲着让我下订单来的。"虽然这是企业的目的，但是三只松鼠的表现却能让买家感到很舒服，让买家心甘情愿购买，而且还会保证下次有需要时再来。如图7-13所示。

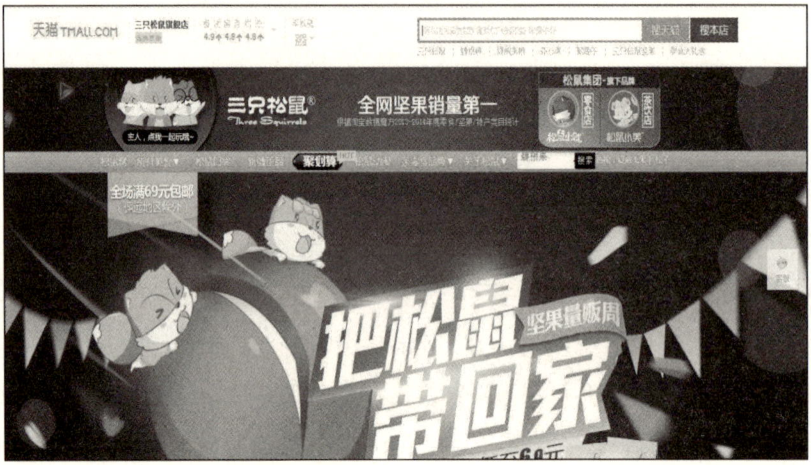

图 7-13 充满童趣的"三只松鼠"

粉丝不单单是个体消费者，更是比个体消费者更加主动、更愿意去创造的一群人。粉丝也不是一般爱好者，而是有些狂热的痴迷者，他们会"因为喜欢，所以喜欢"，不需要任何理由，一旦注入感情因素，有缺陷的产品他们也会接受。

7.5 一大波“僵尸粉”正在靠近，请使用惊喜道具

“僵尸粉”是什么？一般是指微博上的虚假粉丝，只要花点小钱就能够买到“关注”，有名无实的微博粉丝。它们通常分为两种，一是由系统自动产生的恶意注册的用户，二是活跃度非常低、几乎毫无贡献值的粉丝。这种粉丝一般只会关注“V”用户，这是为什么呢？这是因为一些网络大 V 想要炫耀自己的影响力，证明自己多受人喜爱。表面来看，这是粉丝自己跑来的，而不是博主自己弄的，所以也无法说明博主是不诚信的。

“僵尸粉”是一些网络大 V 的炒作手段，对他们并不会造成什么伤害。可是对于企业来说那些僵尸粉确实是非常致命的。它们的实际消费能力很低，也不是真正的喜欢企业，只是一时心血来潮或者抱着好玩的心态来关注，关注之后也不活跃，不主动宣传，也不参加企业活动。很多企业的粉丝动则过百万，甚至千万，实际上却是僵尸粉占据了半壁江山，这对企业来说是一种非常可怕的现象。因为企业常常会被它们带来的表面人气所迷惑，以为自己有多受欢迎，然后高估了自己，还会影响到企业之后的路线规划。所以一定要杜绝“僵尸粉”，只要他们一靠近，就要立即把他们消灭。

那么企业要如何杜绝僵尸粉呢？又如何在他们靠近后，把他们消灭或者将他们变成真正的粉丝呢？其实企业可以学一学歌手张杰的做法。

7.5.1 张杰：用无意中的惊喜“惊动”僵尸粉！

微博是中国人最喜欢玩的一个即时社交通信工具。微博用户数已超过 3 亿，人们经常在上面分享自己的文字、图片、视频。特别是明星，更是微博里的活跃用户。当然，拥有最多粉丝的也是这些明星。

但是，有些人的微博虽然粉丝高达几千万，但是活跃程度却不高，这

是因为其中的僵尸粉占了多数。歌手张杰的微博就是这样。曾经，他有一段时间离开了微博，但粉丝和僵尸粉依然存在。去年，张杰重新回归微博界，并希望自己的微博能变得更加活跃，他打算给微博粉丝一个小惊喜。

2014 年 8 月 26 日，张杰正式回归微博界，给了粉丝一个特大的惊喜。虽然他只是在微博上写下 4 个字："很奇怪，我……"，但已让微博粉丝炸开了锅。时隔一年再回归微博界，不仅粉丝惊喜，一些从来不发言的僵尸粉也感受到了这股异动，被激发了好奇心，跃跃欲试了起来。只是四个字，张杰的微博点赞量当日就高达 40 万次，当日转发 100 万次，翌日就高达 140 万次，转发的数超过 35 万次，完全打破微博界的纪录。这条发了半年多的微博，现在的转发量已达到 40 万次，评论数 156 万条，点赞数 63 万次。如图 7-14 所示。这个纪录目前为止恐怕很少有人能达到。

张杰发完这个微博后，粉丝震动，媒体与他的好友也震动。微博官方更是专门为其发了新闻，还有页面设置，并通知粉丝有新歌要在微博上发布，各大媒体也纷纷报道。

发完这条微博后，张杰沉寂了 3 天，29 日又发布了一条微博："其实我没有离开，一点点的距离，让我们更珍惜彼此……很奇怪，我爱你，一直……"并分享了一条新歌《很奇怪，我爱你》，如图 7-15 所示。多达百位明星分享并推荐了这首歌，不但粉丝震惊，那些僵尸粉也因为这股热潮而纷纷活跃了起来。

图 7-14 张杰微博正文图

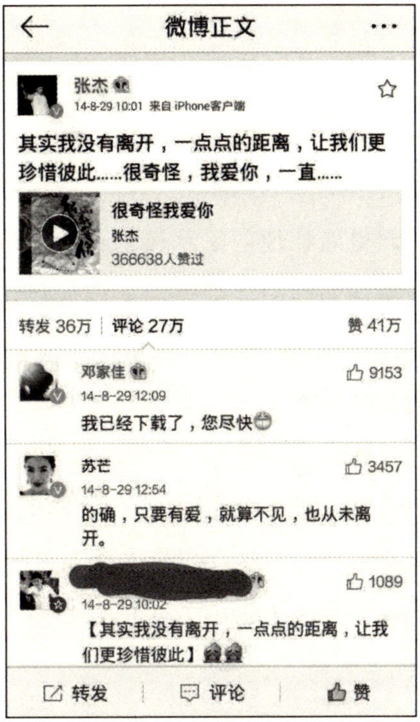

7-15 张杰微博正文

之后张杰以一首歌配上几张图片或者一个视频的形式在微博发布消息，并持续了 8 个月之久，粉丝们对这种新型的微博发文形式从感觉新奇到平淡，僵尸粉们也再度回归僵尸状态。直到 2015 年 3 月 28 日，张杰在微博上发布：“大本营，暖哭了！”并配上妻子谢娜的照片后，粉丝间又炸开了锅，僵尸粉们又活跃了起来，一起把张杰的这条微博推向热门。

自从 2014 年 8 月更博之后，张杰每条微博的转发量、评论数、点赞量都高达几万到几十万次不等。这其中不无僵尸粉的功劳，虽然有些僵尸粉可以自动转发，但是评论和点赞却不能。

张杰就是以这种方式给粉丝惊喜，也给僵死粉惊喜，让僵尸粉也贡献出自己的一份力量。企业想要杜绝僵尸粉，或者把僵尸粉变为粉丝，也可借鉴张杰的这种方式，时不时制造点小惊喜，让用户活跃起来。那么企业要如何给粉丝和僵尸粉制造惊喜呢？

7.5.2 定期举办优惠、抽奖、送礼等惊喜活动

企业想要僵尸粉活跃起来，就要定期举办一些优惠、抽奖、送礼等方面的活动。利用粉丝对价格敏感的心理来诱惑他们，给他们省下钱钞的同时，更能让他们活跃起来。设置这些优惠时，一定要注意需要粉丝参加一些特别的活动才能得到。例如评论有礼、转发有礼、扫一扫有礼等。只有这样，粉丝的积极性才会被调动起来，如果是直接送，那么用户很快就会失去新鲜感。

就像金宝来KTV长期设置的一个生日VIP房，当天生日的客户除了能订购VIP房之外，还能享受到店内的特别优惠。这样的优惠方式，让每个粉丝只要生日时，就会想到去金宝来KTV唱歌，既能玩得开心又能省下不少钱。同时，金宝来也因为这种贴心的服务，而获得不少用户的好评。如图7-16所示。

图 7-16 金宝来 KTV 在大众点评网中的评分

7.5.3 借助特别事件给粉丝送上特别惊喜

除了举办一些定期优惠活动活跃僵尸粉，企业也可借助一些特别事件为粉丝送上惊喜，例如周年庆、节假日等。淘宝就在 2014 年 3 月 8 日妇女节这一天，举办了一个“请全国人民吃喝一整天”的活动，一推出就有数万名淘宝粉丝心动并行动。

有些企业为了杜绝僵尸粉，却选择了一种特别不高明的方式，用钱买粉丝来制造话题，活跃气氛，制造假象。这不只费钱，还很容易给企业造成负面印象，同时这也不是杜绝僵尸粉的根本办法。

其实，企业想要彻底杜绝僵尸粉是不可能的，只能通过一些方法让僵尸粉活跃起来，让其成为普通粉丝，贡献出他们的一点力量。

第8章

口碑效应，让用户告诉用户

口碑效应的产生是因为用户在使用产品过程中因获得满足感、荣誉感从而形成的对外逐步递增的口头宣传效应。移动互联网时代社交网络的发展，更能引发光速传播，达到传统互联网时代前所未有的高度。对现代企业来说，一个好口碑胜过一个好广告。那么如何才能获得好口碑呢？这就需要企业提供的产品、服务、附加值都能让用户满意，只有用户满意了，他们才能自愿地成为口碑的传播者。所以，现在各大企业费尽手段、想尽办法，就是为了获得用户的好口碑。

8.1 每个用户都是一个高效自媒体

互联网时代的营销过程中，口碑占据的力度和作用是非常明显的。口碑是用户对某企业、某产品、某个人、某个事件形成的舆论和看法。显然，从这一点看，口碑的传播主体就是用户。用户说这款产品好你的产品就好，用户说你的产品差，那么就代表你的产品确实是失败了。古时就有“三人成虎”之说，可见用户在口碑传播过程中起到的作用能有多大。

在移动互联网时代，移动工具的便捷和泛滥让用户口碑的影响变得比PC 互联网时代还要大，用户可以随时随地打开手机在微博上、大众点评网上、豆瓣网上发表自己的看法，用户也能在第一时间收到其他用户对某个企业、某款产品的评价。所以在移动互联网时代，用户口碑的效果被放大了无数倍，是一个高效的自媒体。

现在的互联网媒体是掌握在用户手中的，也正因为如此，不管是万达这种传统行业大佬，还是阿里巴巴这种互联网龙头，甚至小到淘宝和微信中的一家小店铺，都在小心翼翼地“讨好”用户，希望用户能给它们传播好口碑，而不是负面的丑闻。移动互联网既然有信息共享以及极速传播的优势，那么对用户来说，驾驭口碑，传播口碑就是他们的自主权。因此，企业的产品一旦让他们不满意，企业的服务一旦不到位，用户就会开启自媒体效应，在各个社会媒体平台上疯狂吐槽，最后形成雪球效应，让企业承受不住。

最近有个初创品牌“叫个鸭子”，可谓红得发紫，这是一家纯粹靠互联网思维运营的新型创业公司，从最初的网上订餐，到不久前第一家门店开业，“叫个鸭子”单靠用户口碑就为自己实现了超过 60% 的用户转化率。现在我们就来看看，它是如何让用户成为自己的正面口碑自媒体的吧！

8.1.1 “叫个鸭子”，“叫”出来的高效自媒体

“叫个鸭子”的创始人曲博原先在百度旗下做了十年，负责社区、策划营销等方面的工作。2014 年 3 月，曲博突然辞去百度的工作与朋友创建“叫个鸭子”，两个月后开始试运营。最开始，他们送了 100 份产品给互联网和媒体圈的友人，由此积累了口碑。短短两个月，“叫个鸭子”的市场估值就超过了 5 000 万元，7 月底便完成了 600 万元的天使轮融资。8 月 12 日，微信“叫个鸭子”粉丝数暴增 5 000 人，回单率达到了 60%。每天都有过百的订单量，单日流水约 2 万元。如图 8-1 所示。

图 8-1 “叫个鸭子”微信公众号

“叫个鸭子”之所以上线几个月就能得到这么好的成绩，是因为其抓住了用户口碑的精髓。曲博将用户口碑分为 3 个点，并从这 3 点入手。第一，产品。他坚信“好产品是会说话的”，口味是得到用户口碑的核心，安全卫生是得到用户口碑的保障，产品的快速迭代和包装、产品形态的创新是促进

用户口碑传播的动力。第二，服务。以用户为中心，为用户提供人性化服务，对用户需求的变化及时做变通和快速适应。第三，品牌。团队坚持“跟鸭死磕”文化，通过文化与用户进行互动，培养用户对品牌的情感。

“叫个鸭子”为了让用户更乐于分享并参与其中，想方设法让自己变得更加好玩，推动用户自己动，自己主动去传播。“叫个鸭子”是这样让用户主动变为传播者的。第一，名字。名字是很关键的一个问题，“叫个鸭子”的名字就很有传播性，很有趣。第二，制造话题。就产品本身来说，好吃是基础，但不够有话题性。如果将鸭子做成草莓味就很容易形成话题，用户就会更乐意分享并参与讨论。第三，积累品牌。他们的品牌文化就是“跟鸭子死磕”，把鸭子玩坏，将鸭子的元素贯彻到各个细节，例如头牌配送小哥就叫“鸭王”“鸭绿江”。第四，挖掘用户分享的动力。用户为什么要给你做口碑传播，一定是因为产品能触动他们。“叫个鸭子”面对的用户群有 90% 是女性，因此针对女性用户的特点就举办一些“鸭寨夫人选美”，让用户发鸭子合照参与其中。因为这种形式好玩又有趣，用户都很愿意在自己的社交圈中分享这个美食品牌。

其他企业如何像“叫个鸭子”一样利用用户口碑获得成功呢？其实除了借鉴它的做法之外，还有两点是所有企业需要注意的。

8.1.2 赢得用户大众口碑的就是好口碑

互联网是一个人人都可以发言的地方，而且用户数量庞大，众口难调。即使你的产品再完美，也还是会有人不喜欢。况且“林子大了什么鸟都有”，难免存在着一些恶意抹黑的用户，对于这类用户，企业就不要太过计较。跟他们计较就等于跟自己计较，自讨苦吃。只要记得把握好大方向，能赢得大部分用户口碑的就是好口碑。

就像最近新上映的一部军事题材片《战狼》，可以说是清明档的一匹大黑马。如图 8-2 所示。不但票房超高，用户的口碑也很好，后期的排片率上升，有很大一部分原因就是用户好口碑传播的效果。不过在这些正面评价中，也掺杂着不少恶评。如图 8-3 所示。但如果电影院计较这些恶评，从而影响自己给《战狼》提高排片率的决定，这岂不是得不偿失？

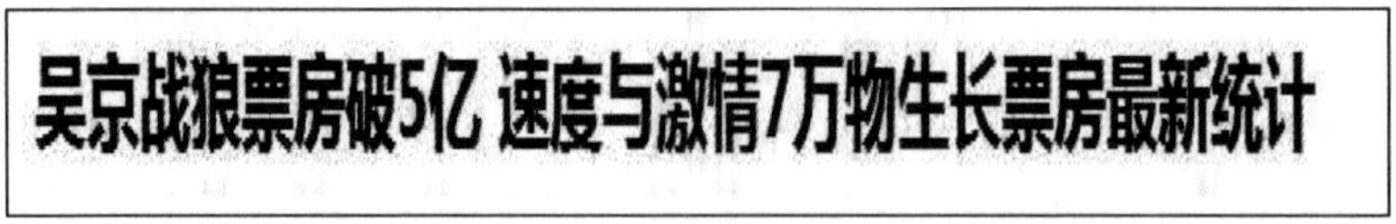

吴京战狼票房破5亿 速度与激情7万物生长票房最新统计

图 8-2《战狼》截至 2015 年 4 月 23 日的票房成绩

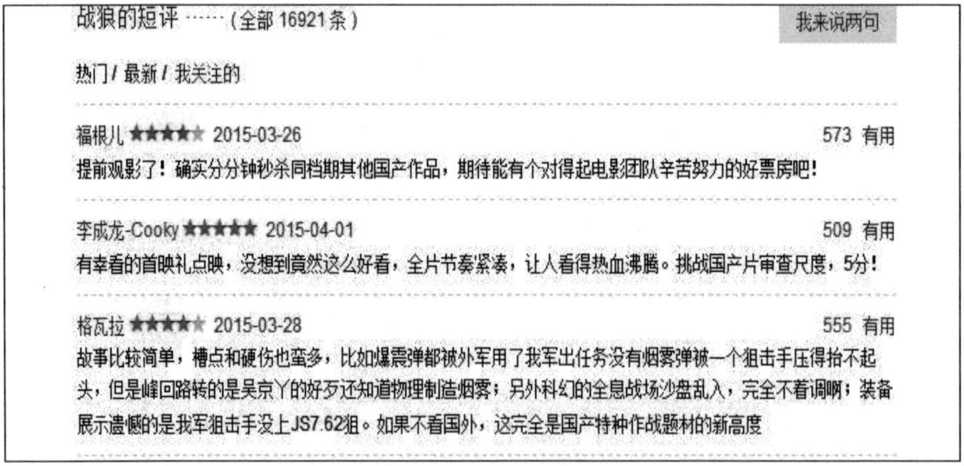

战狼的短评 ……（全部 16921 条）　我来说两句

热门 / 最新 / 我关注的

福根儿 ★★★★ 2015-03-26　573 有用
提前观影了！确实分分钟秒杀同档期其他国产作品，期待能有个对得起电影团队辛苦努力的好票房吧！

李成龙-Cooky ★★★★★ 2015-04-01　509 有用
有幸看的首映礼点映，没想到竟然这么好看，全片节奏紧凑，让人看得热血沸腾。挑战国产片审查尺度，5分！

格瓦拉 ★★★★ 2015-03-28　555 有用
故事比较简单，槽点和硬伤也蛮多，比如爆震弹都被外军用了我军出任务没有烟雾弹被一个狙击手压得抬不起头，但是峰回路转的是吴京丫的好歹还知道物理制造烟雾；另外科幻的全息战场沙盘乱入，完全不着调啊；装备展示遗憾的是我军狙击手没上JS7.62狙。如果不看国外，这完全是国产特种作战题材的新高度

图 8-3 豆瓣网友评价《战狼》

8.1.3 利用用户的自媒体性质炒作，要正面

如今，随便发一条微博就有十几万粉丝能看到，发一个微信信息，朋友圈里就有一大堆朋友能看到，一传十，十传百，用户你一句我一句的，什么事情都有可能发生。

如此强大的传播效应，如果是正面的信息，他们就能把你推上神坛；但如果是负面的，他们也能把你从神坛上拉下来，并且让你万劫不复。所以企业一定要学会运作一些正面的“炒作”，杜绝那些影响企业形象的恶意炒作行为。

现在有很多企业或者明星为了博取关注，不惜做出一些自毁形象的恶意炒作行为，结果它们虽得到了用户的关注，却失去了用户的好口碑。日后还得为这一次的恶意炒作行为付上几十倍的努力才能将自己的负面形象改变。

每一个用户都是一个高效自媒体，企业想要成功，就要懂得利用这一点，利用用户的口碑给自己带来正面的效应。

8.2 让惊喜惊险每处细节，引发用户高度点赞

企业想要在这竞争激烈的移动互联网中取得佳绩，首先要获得用户的口碑。用户口碑所能引发的效应自然不用多说。所以如何赢得用户口碑，引发用户高度点赞就成为一个非常关键的问题。

现在的用户早已不是昔日的“吴下阿蒙”，他们走的地方多，看的东西也多。所以一般的东西已经很难让他们激动，也很难得到他们的赞誉。面对这种情况，企业如果想引发用户的高度点赞，要么“兵行险招”，要么在各个细节处制造惊喜，出乎用户的意料。

“细节为王”“惊喜至上”，这两个因素是移动互联网世界的制胜法宝。海底捞近几年不但业绩飙升，还火遍互联网界，就是因为它们的服务，它们的服务不但体贴、周到，还时时能在细节处给用户意想不到的惊喜，让用户情不自禁地点赞。现在我们就来看看，海底捞是如何在服务细节中设置惊喜的吧！

8.2.1 海底捞：服务细节处处有惊喜

海底捞最初只是一个来自四川简阳的小火锅店，没多久就火遍了北京，服务是其独特的杀手锏之一，海底捞已将对服务的重视渗透到运作的各个环节之中。如图 8-4 所示。

图 8-4 海底捞网上订餐服务

在等候中设置惊喜，让等待充满快乐：排队就餐是大家最厌烦的事情之一，很多人去某家餐厅吃饭，看到需要排队，都会选择离开而到另外一家就餐。因为等待的时间不只要饿着肚子，而且还非常无聊。但在海底捞排队就餐时不会出现这个情况。在海底捞等待就餐时，服务员会送上水果拼盘、炸虾片等各类小吃，还提供豆浆、柠檬水、薄荷水等饮料。让人惊喜的是，还可在等候区打牌下棋和免费网上冲浪，更让人惊喜的是，女士可以享受免费修甲的服务，男士则可以享受免费擦皮鞋服务等。在等候就餐时间中为用户提供这么多令人咋舌的服务，让很多第一次来海底捞就餐的用户都惊喜不已，当然会情不自禁地为其点赞。

在每个环节都设置服务惊喜：海底捞设置的服务惊喜可以说到了无孔不入的地步。首先，节约当道的点菜环节。一般餐厅巴不得用户多点菜，点菜越多它们赚得越多，但是在海底捞，如果用户点的量已经超过了可食量，服务员就会及时提醒客人，同时还会提醒用户各式食材可以点半份，这样就可以用同样的价钱享受多种菜色。其次，及时到位的席间服务。服务员在席间会主动为客人多次更换热毛巾，给长发女士提供橡皮筋或者小夹子夹刘海，还会给客人提供塑料袋用来装手机防止进水，同时给戴眼镜的客人提供擦眼镜的布。最让人惊喜的是，还会给客人提供围裙并把用户的外套用布掩盖起来，防止火锅的气味染在衣服上。

暂时充当孩子的保姆：有些父母会带孩子前来就餐，但有时候淘气的孩子会破坏就餐的氛围，海底捞为此专门建立了儿童天地，让孩子可以玩耍，同时服务员会主动帮忙带小孩，还会给小孩喂饭，让父母能安心地吃饭。

星级般的 WC 服务：海底捞的卫生间不仅环境好，还专门配备了一名专职人员为客人洗手后递上纸巾，让客人擦手。

海底捞在服务细节中给用户设置的惊喜还有很多，它就是依靠着这些让用户惊喜的服务获得了用户的高度点赞，通过用户的口碑传播获得了今日的成功。其他企业如果想获得用户的口碑，也可像海底捞一样在服务细节中设置惊喜，但在操作的过程中，还是有许多地方需要特别注意。

8.2.2 多设置一些有新意的惊喜

惊喜之所以为惊喜，就是能出乎用户意料。如果设置的都是那些常见的惊喜内容，用户对此也不会有多大感觉，因为早就见怪不怪，用户只会对此感到满意，并没有达到情不自禁地为你点赞、为你传播的地步。所以在细节处设置惊喜时，内容一定要新颖，是用户较少见到的，能引发用户新鲜感的。

就像是三只松鼠经常会在包裹中给用户送上一份额外的小礼物，或者实用的赠品，或者一张新意卡片，又或者一个三只松鼠的卡通玩偶。

8.2.3 设置的惊喜要符合用户需要

在细节处设置惊喜，企业不能为了求有创意，就设置一些用户根本就不需要的惊喜，或者有时候创意太过，让惊喜变成了惊吓。所以在设置创意惊喜时，要以用户的需要为前提。

冰点酒店控在这一方面一直做得非常出色。有位用户一直通过微博私信与之交流，冰点酒店控在交流的过程中一直问用户喜欢什么类型的酒店，需要在哪些区域，有什么特别的要求等。有一次该用户 @ 冰点酒店控说要飞上海，在 20 分钟后，冰点酒店控就回复了用户并提供了从经济到五星，各个地区酒店的资料，每个酒店的风景怎样、评价如何、价格如何等都包括在内。该用户收到这份私信回复显得非常惊讶，但很高兴对方能提供如此有帮助且贴心的服务。如图 8-5 所示。

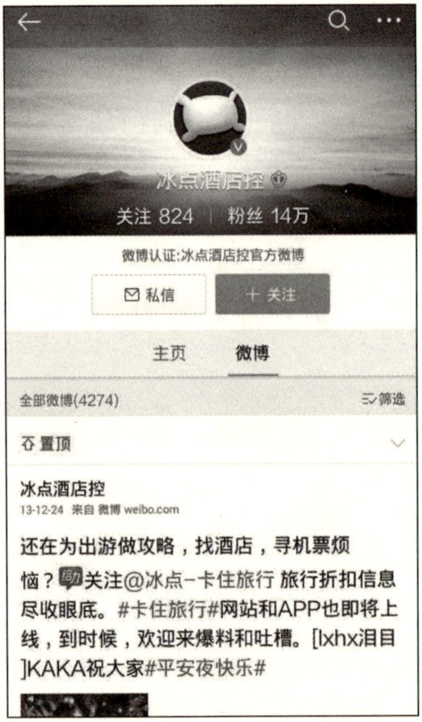

图 8-5 冰点酒店控新浪微博

总而言之，只要操作得好，企业可以像海底捞一样通过在细节处设置惊喜而引发用户高度的点赞，成功的几率是非常大的。

8.3 免费抽奖不能“抠”，下大力气送大奖

免费抽奖是一种经久不衰的吸引用户的手段，不管在哪儿都能瞧见。例如超市里购满多少就可参加免费抽奖一次，或者一些快消品行业为打开知名度在地面举办的免费抽奖活动，甚至就连北京地坛的庙会上都有射飞镖免

费抽奖的游戏。到了移动互联网时代，免费抽奖被运用得更加广泛。特别是在微博上，随便打开一个话题或者企业的官博就能看到它们所设置的免费抽奖活动。

这种方式不但能激起用户的积极性，还能赢得用户的口碑，企业何乐而不为呢？但这种方法虽然有效，依然有些企业失败了，免费抽奖送礼的礼物，不仅没有得到用户的称赞，还迎来骂声一片。这是什么原因造成的呢？其实就是因为企业太“抠”，设置的奖品太小气。

酷派手机在这一点上就非常好，有时为了回馈用户，或者推广新品，酷派经常会设置一些免费抽奖的活动，每次活动的效果都非常好。现在我们就来看看酷派它是如何设置抽奖活动来赢得用户口碑的吧！

8.3.1 酷派：尖叫赢好礼！

2014 年 10 月 30 日为了迎接双十一，酷派在官方微博上设置了一个“大神尖叫双十一，尖叫赢手机”的免费抽奖活动，用户转发微博即可获得免费抽奖的机会。如图 8-6 所示。从 10 月 30 日 9:00 开始到 11 月 11 日 23:00 结束，总共有 39 486 名用户参加了该活动。

为了做好双十一的预热工作，给自己留下好口碑，酷派在奖品设置上毫不手软。奖品的内容是抽到一等奖的用户就能获得大神 F2 手机一部。酷派并没有设置二等奖、三等奖、安慰奖，只设置了一个一等奖，而且用户的中奖率非常高。如图 8-7 所示。酷派的想法是，其他等级的奖项如果不够给力，用户即使拿到也不会高兴，还会说酷派怎么这么小气，不如将其他等级的奖品资金都投入到一等奖上，提升一等奖的中奖率。拿到一等奖的用户发现自己居然赢得手机，肯定能惊喜不已，也不会觉得酷派小气。而且其他没有中奖的用户，只会认为自己运气不够好，不会因为没有抽到奖而抱怨酷派。酷派的这种设重奖，并把奖品放在重点位置上的做法赢得了用户不少的好评。

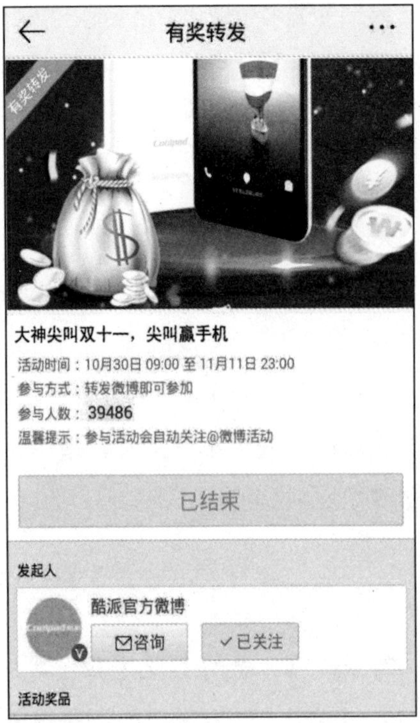

图 8-6 酷派官方微博设置的免费抽奖活动图

8-7 酷派一等奖奖品大神 F2 手机

同时，为了能保持用户对酷派的持续关注度，酷派设置抽奖活动的频率非常高，每当有新品发布或者节假日都会推出免费抽奖活动。2014 年 5 月 15 日，酷派的新品酷派神盒首发，为了吸引用户对新品的关注，酷派又再次发起免费抽奖活动。其实前几个星期，酷派刚刚举办过免费抽奖活动。酷派这么频繁的抽奖活动再次激励了用户的积极性。此次活动为一等奖大神 F 手机 5 部，共 5 个名额，二等奖酷派神盒 1 个，用户只要转发“叫你好看”的微博话题就能参加抽奖活动。

酷派的奖品虽然不能和小米、华为这种大企业相比，但是对于它这种性质的企业也是非常给力的，而且它还时常会设置这种免费抽奖的活动。

酷派抽奖活动的效果很好，用户参与很积极，而且还给出了很高的评价。如图 8-8 所示。从酷派的案例我们就可知道，企业如果想通过免费抽奖的形式获得用户口碑，就不要太过吝啬，大方一点用户才会高兴，才能给你好评，否则只能花了钱还落下一个小气的恶名。

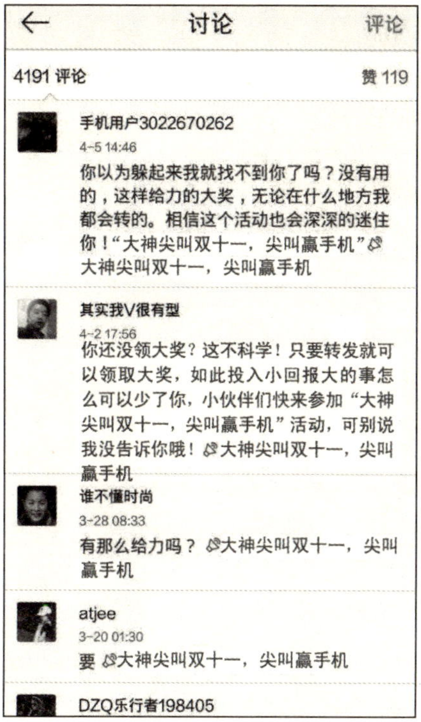

图 8-8 网友对酷派大神抽奖活动的讨论

企业设置免费抽奖活动，除了要下大力设大奖之外，还有其他的方面要注意。

8.3.2 利用节假日送大奖，奖品内容符合用户需求

有些企业一旦到了节假日就会举行很多营销活动。很多用户都趁着节假日期间出来消费、购物、旅游等，那么如何让用户在众多企业中选择你呢？设置免费抽奖活动就是一种方式，不过在节假日设置抽奖活动，一定要符合用户的需求。例如在十一长假，企业可设置一些旅游大奖之类的，在春节期间企业就可以设置一些免费送机票、车票之类的，符合人们的实际需求，用

户才能为你真心点赞。

例如新浪页游助手在“五一”时举办的“五一”回馈大奖，其主题就是：“假日旅行，游戏升级两不误”。设置的奖品内容非常符合用户需要，有苹果手机、iPad、微博会员、鼠标、2QB、U盘、公仔等。如图8-9所示。完全符合了用户在外旅游和玩游戏时的需求。

图8-9 新浪页游助手设置的抽奖活动

8.3.3 利用移动工具做免费抽奖活动

如果想让自己的免费抽奖活动获得最大的效果，就一定要选择好平台。在移动互联网时代，什么影响力最大呢？当然是手机，人们随时随地都会打开手机，玩一下游戏，刷一下微信、微博等。而且像微信、微博这类手机App有着庞大的用户群，如果在上面发起活动，肯定能起到最好的效果。

御泥坊就经常在微博上发起免费抽奖活动。如图 8-10 所示。为了庆祝御泥坊成立九周年，2015 年 4 月 9 日御泥坊在微博上设置了“0 元抽肾 6”活动，价值 4 999.99 元，2015 年 4 月 19 日才开奖，但 9 日当天，就已经有 1 331 人参加了该活动，可以说通过微博这个大平台，御泥坊的抽奖活动反应不错。

总而言之，企业如果想通过抽奖，吸引人气或者获得用户的口碑，那么在奖品设置上就一定要大方，大大方方地送，用户也才会大大方方、心甘情愿地做企业口碑的传声筒。

图 8-10 御泥坊在微博设置的 0 元抽奖活动

8.4 制造事件，引发移动光速传播

如今，用户的注意力被各种各样的事物严重分散，所以企业想要快速地赢得用户的关注，一定要使用恰到好处的招数。而为自己制造事件噱头，营造话题热点，引发移动光速传播，无疑是一种最有效的方式。

在移动互联网时代，人们获取信息变得更加方便，所以话题传播的速度也就更快，效果也比 PC 时代扩大了几十倍。很多产品、很多人一夜爆红，就是因为事件、话题热点营造得当，引发网民热烈讨论，而传播的速度和范围也随着网民的讨论被进一步扩大。

微信、微博无疑是帮助事件加速传播最有效的工具，微信、微博的网民数量和影响力无须赘言，大部分企业、明星都是通过这两个移动工具制造热点。

8.4.1 美莱集团：借一借整形事件的东风

2014 年 11 月光棍节，腾讯、搜狐、360、网易等各大门户网站头版头条的内容颇让人意外，不是长期被明星占据的结婚、生子、离婚、分手，而是一篇名为《20 名女子公布整容前后对比照片》的新闻。原来，这些整形变美的女子都是参加美莱真人秀的选手，她们在节目中接受了多项整形美容手术，包括隆鼻、双眼皮、开眼角、美白嫩……总之，与整形美容相关的项目基本上都参与了。与此同时她们还参加广州美莱承办的美莱集团 20 城联动庆典，并和林志颖一起表演节目。如图 8-11 所示。

图 8-12 是一对双胞胎选手的对比照。两张照片的差异让网友大开眼界，引发全国网友的疯狂讨论。一夜之间，整形话题爆红网络。许多人认为是作假，有人认为完全不是同一个人，但是这 20 名女子的整形照片和视频一经公布，将这些质疑声统统打消，网友不得不为美莱集团的整形技术惊叹。这一事件，不只让整形话题风靡全国，也让发布机构美莱集团赚足了眼球，更为广州美莱承办的美莱 20 城联动庆典提前造了一把势。如图 8-13 所示。

图 8-11 有关美莱整形的新闻

图 8-13 美莱 20 城联动庆典

图 8-12 参与整形的双胞胎

美莱集团之所以能成功地借助整形话题制造热点事件，是利用网友对整形这一话题的猎奇心理，整形一直是人们颇感兴趣的话题，看那些动不动就扒某位明星整形的热门帖子就可知道。再加上选择了一个最恰当的日子“光棍节”，这一枚极具分量的传播炸弹，就彻底引爆了网络。

那么其他企业该如何学习美莱制造事件的方法呢？要把握以下两点。

8.4.2 借助八卦话题、热点事件，展开广泛传播

“八卦之心，人人有之”，八卦事件最容易引起网友的关注，所以企业在制造事件时就可以借助一些八卦事件来引起网友的注意。

例如一些明星的八卦，或者网络上的一些热点事件。曾经有一个做电插头的企业借助黑杨幂事件，将杨幂的鼻子 P 成插头孔，从而引起广泛关注。2010 年的南非世界杯中，中国英利和麦当劳、索尼一起出现在南非世界杯的赛场上，看到视频的网友，神经一下子就兴奋起来。第一时间就贴出了英利在世界杯赛场上的截图，英利通过南非世界杯这个热点事件做了一次非常成功的营销。如图 8-14 所示。

图 8-14 网友对于“中国英利”的讨论

8.5 想要获得金口碑，还需各种社交软件来帮忙

在移动互联网时代，各种App已成为人们生活中的一部分，购物通过App，导航通过App，订各种票通过App，交友也通过App，企业要获得用户口碑当然也要通过App。

在各大手机软件中，社交软件无疑是企业传播口碑最好的选择。资料显示，到2014年年初，腾讯QQ的用户量超过了7亿，微信用户数量超过了5亿，微博用户数量接近3亿。这些数据代表了什么？代表了使用社交软件的人越来越多，所能发挥的影响力也会越来越大，企业如果通过这些软件做口碑传播，那么效力肯定也是惊人的！

前几年可口可乐在中国的影响力远逊于百事可乐，但近些年，百事可乐早已被反超，并被远远地甩在了后面。可口可乐为什么能反败为胜？就是因为它懂得利用互联网和移动互联网思维来做营销。而利用移动社交媒体来做口碑，这是它成功运用互联网思维的最佳证明。现在我们就来看看，可口可乐是如何通过社交软件来获得口碑，为打败百事可乐奠定基础的。

8.5.1 可口可乐，社交软件全运用广获金口碑

2014年，可口可乐携手微信、易迅一起推出午后3点畅爽抢购活动。三方合作发力，不但增加了销量，还获得了用户热情赞誉。如图8-15所示。

可口可乐在微信上搭建了一个互动专场，用户购买可口可乐产品之后，在微信上输入瓶盖上的数字，就能进入易迅网参加午后3点秒杀活动。这个活动持续了3个月，为了能让活动达到最好的效果，可口可乐和易迅投入了近亿元的资金。可口可乐和易迅在活动上的大手笔让用户得到了很好的体验，秒杀到产品的用户纷纷在微博、微信上晒出图片并大力称赞，吸引了更

多的用户前来参加。

可口可乐除了与易迅一起通过微信发起午后3点秒杀活动，还在微信上发起了猜球赢大奖、以歌传情等新鲜活动来吸引用户。

可口可乐如今已成为中国快消品行业老大，它的秘诀是什么？正是因为它使用了移动互联网营销手法，在这种新的营销手法中，社交软件发挥了至关重要的作用。其他企业如果想要和可口可一样快速获得好口碑，也可通过社交软件来做营销。当然，社交软件提供的只是一个渠道，要想发挥出好的营销效果，还需要注意其他方面。

8.5.2 营销内容要简单有料，方便分享

企业在利用社交软件进行口碑传播时，一定要选择好内容。在设置事件时，要能引起用户的好奇心；在操作上，要简单快速。这样才能引发用户追踪、拍摄、上传、分享到微信、微博等社交软件上。具备了这些，才能得到一个好的效果。

“随手拍”是美图在微博上发起的活动，它在微博上制造的营销话题非常简单有料。参加该话题的网友只要随手拍下身边的景物并带上话题发布在微博上，即有机会赢得百万大奖。这种简单有趣、容易操作的互动方式，网友反响非常热烈。截至2015年4月15日，该活动的阅读量达到了18亿次，讨论量达到850万次，关注的粉丝53 457名。话题是在2015年3月8日发起，仅一个月的时间，就能有如此成绩，可见这项活动有多受用户欢迎。如图8-15所示。

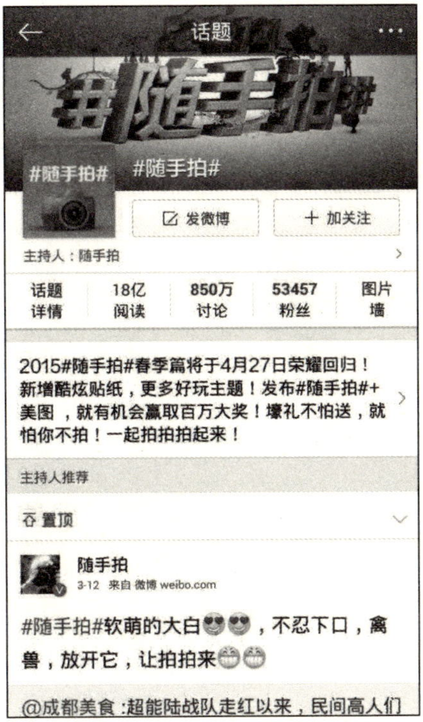

图 8-15 微博话题“随手拍”

8.5.3 借助网络大咖、时尚明星来扩大效应

有些企业品牌的知名度相对较低，即使在微博、微信上推出一些很有趣的活动也很难引起网友的注意。那么在这时，企业可以通过一些网络大咖、时尚明星来扩大影响力。据悉现在微博上就有很多人利用自己的名气帮助企业推广一些产品或者活动，有些人甚至明码标价发一条微博需要多少钱。所以企业可以赞助一些网络红人、时尚明星来帮助自己做推广，扩大营销范围。

2015 年 4 月 14 日，乐视宣布推出超级手机，宣称“打破边界，生态化反”，除了开发布会之外，为了扩大超级手机的影响，乐视还在微博上发起了“乐视超级手机”的话题，各路明星、各位名人也前来助阵，纷纷参与这个话题互动。明星和名人的影响力不容小觑，很快该话题就稳居热门话题榜第一名，也同时进入实时热搜榜。看到这些明星的参与，用户的参与热情也被激发了出来，仅一天，该话题的阅读量就达到 1 亿次，讨论量达 93 万次，关注粉丝达 5 747 名。这些数据充分说明了明星和名人的强效应。如图 8-16、图 8-17 所示。

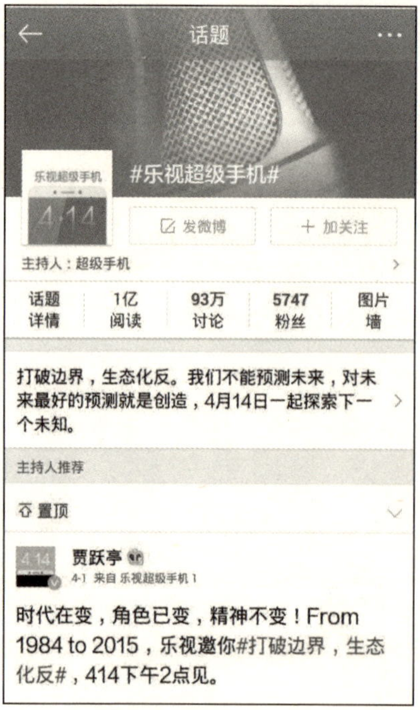

图 8-16 乐视手机微博话题量

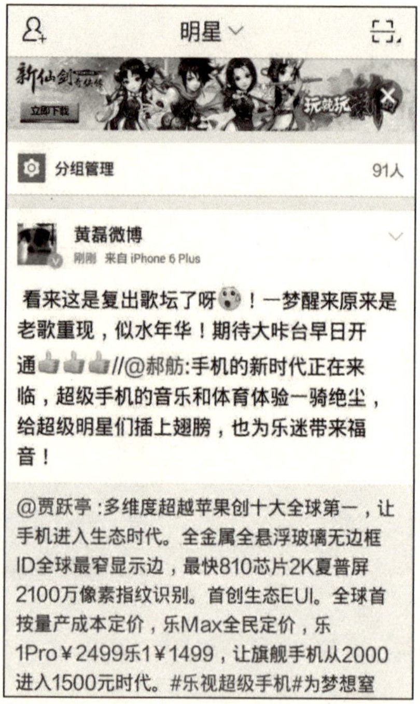

图 8-17 各大明星对乐视手机的支持

总而言之，在移动互联网时代，社交软件已经成为企业新的、有效、低投入的一种营销渠道，所以如果企业想要获得好口碑，就应当把握好它们。

第 9 章

天下武功，唯快不破

小米董事长雷军认为，互联网时代的商业圈就像是一个江湖，武林高手层出不穷。一个企业如果想要使自己脱颖而出，打出的武功招式不被对手破解，就只有比别人快，唯有快，才能在高手如林的互联网界中获胜。

是的，从来没有一个时代能像今天一样，更新迭代如此迅速。曾经的新生事物，用不了多久，就成了陈旧过时的代名词。要在这样一个时代立于不败之地，就看你是否能找到一本名为“快速”的武功秘籍了。

9.1 小米的“快”提醒你，时代不一样了

“快”字诀是小米手机的杀手锏，它更新系统的速度可谓走在世界的前列。金山一年才更新一次版本，MIUI 一个星期更新一次，这两个的更新速度完全不在一个级别。小米的“快”，一下子提醒了我们，时代不一样了。

短短几年，小米就发展成了估值几百亿美元的大企业，它为什么能这么成功？小米董事长兼 CEO 雷军为自己的经营宗旨总结出了 7 个字：“专注、极致、口碑、快。”尤其在“快”上，小米走在了其他人的前面。而小米的“快”也提醒着各位，时代已经不一样了！如今的时代，已经不讲究“十年磨一剑，不完美，不成活！”现在讲究的是“快速迭代”，谁能把握住“快”字诀，谁就能获得成功。

对于“快”字的运用，如果说小米手机是我们的正面教材，那么魅族就是“快”字诀的反面教材。现在我们就来看看都有一大批忠实粉的它们，是如何分别成为“快”字诀的正反面教材吧！

9.1.1 小米与魅族：“快”字诀的正反面教材

小米 MIUI 版的快速迭代：小米的 MIUI 主要有 3 个版本，分别是体验版、开发版和稳定版。

体验版：体验版系统每天都会进行升级迭代，同时外部用户没有使用权限。该版本的要求是流程通畅，能够让用户无障碍使用；主要目的是保证每天都有问题在解决，一些崩溃问题、ANR 问题在体验版中就要发现出来并解决掉它。

开发版：主要面对的是发烧用户，专门在论坛发布，小米用户可以选择主动刷机到开发版，每周五更新一次。这个版本的主要要求是流程通畅、

交互界面没有问题，绝不允许出现崩溃、死机等重大问题。通过用户的操作以及反馈，发现该版本更多的问题并解决掉它。截至 2015 年 11 月，小米的这个开发版已经迭代了 261 周，从开发到现在，每周的更新都不曾间断。

小米不单在系统开发方面速度极快，在产品的推出方面也是极速，自 2014 年至今，就推出了十几款产品，包括手机、智能手环、电视、小米盒子等。可以说，小米几乎每月都有新产品推向市场。

稳定版：手机出场包，用户购买到的手机全都属于这一版本。这个版本的要求是界面标准、操作流畅、正常情况下不会出现任何问题。稳定版本的更新速度一般为 1~2 个月。如图 9-1 所示。

图 9-1 小米稳定版系统更新中

魅族的完美主义：魅族一直是走完美主义路线，不将产品做到完美绝不推出市场。这个追求极致完美的“处女座”特点，在传统商业时代也许会是它的制胜之道，但在移动互联网时代却早已不适用了。

魅族的完美主义导致它每开发一款产品都需要花费很长的时间。从2003年魅族推出MP3至今，十几年的时间才推出10款左右的产品，第一款手机M8花了两年时间才推出市场。即使到现在，魅族仍然坚持一年做一款手机的发展策略。这一点使魅族在当下快速迭代的国产手机行业中显得尤为底气不足。就如MX3发布后，将近一年的时间里，国产手机至少冒出了3个新的品牌，其他老品牌的新品更是不计其数，而魅族在这一年时间里还在埋头追求它的完美主义，迟迟不肯将产品推出市场。这一点，又放大了品牌的无力感。如图9-2所示。

热卖机型	价格	存储容量	功能特色	手机配件
魅蓝手机	699	8G	5.0英寸屏幕	手机意外保
魅蓝note	999/1199	16G/32G	FHD/双卡双待	智能灯泡
魅族MX4Pro	2199/2399	16G/32G	指纹识别Hifi	体质分析仪
魅族MX4	1799/1999	16G/32G	真八核/双4G	车载充电器

图9-2 魅族旗下几款机型

其实在互联网“快”思维的影响下，魅族在系统更新方面的速度要比以前加快了许多。2014年5月12日，魅族官方微博发出公告，将魅族MX3固件发布的时间从每月28日改为每周二。系统更新速度的提高，也使组魅族自身加快了解决系统问题的速度。

从小米和魅族对于“快”思维的不同运用，我们可以看到在互联网时代，“快”虽然不能保证一定能够成功，但没有“快”是绝对无法成功的。从魅族的例子中就可看出，其实魅族发展比小米早，打下的基础也比小米扎实，早早就聚拢了一大批粉丝。但是小米这个后来者却远远将它甩在了后头，不仅是小米，连华为荣耀、VIVO等都已经与它并驾齐驱。

快虽然是互联网高手过招的制胜之道，但是也有需要注意的地方，否则不但领跑不成，反而可能栽在了“快”字上头。

9.1.2 更新迭代要有依据，用户反馈是重中之重

有些企业对产品进行更新迭代，只求速度不求质量，迭代出来的效果反而不如没迭代之前。这样的更新迭代不仅不能得到用户的好评，反而还会影响自身的发展，因为在迭代的过程中，肯定会投进大量的资金和人力。所以说更新迭代要重速度也要重质量。那么怎样才能做到又快又好呢？需要有力的依据，而用户反馈就是其中最有力的。通过用户反馈来对自身的产品进行迭代改进，这样不但能节省自己发现问题的时间和精力，迭代后的产品也更能符合用户的需要，更受用户的欢迎。

在这一方面，QQ 是很好的榜样。腾讯在推出每一款 QQ 之前，都会先收集用户的反馈。先看看用户最不满意的地方是哪里，哪个地方又是让用户产生最多不满的。同时在推出新的版本之前，还会先推出一个测试版，先用测试版征集用户的反馈，然后再快速进行迭代更新。如图 9-3 所示。

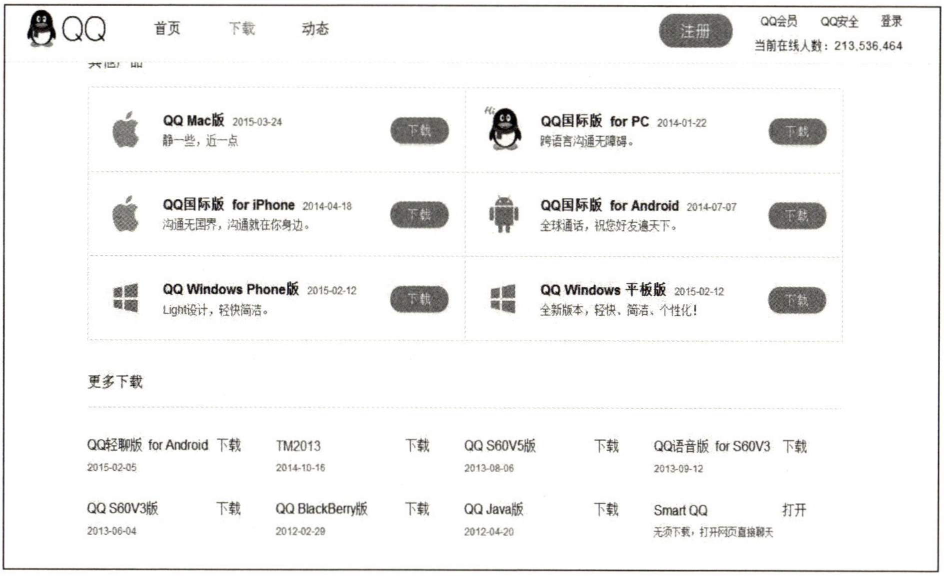

图 9-3 QQ 部分版本

9.1.3 迭代需要改变，但不能改变大方向

很多企业会每天向用户发出产品更新的消息，但其实所更新的只有一部分，整体的大方向一直都未曾改变过。这就是“小步快跑”的典型做法。

就像是聚美优品的手机客户端，它每天都定时更新一些产品，或者隔段时间就会加入一些新的项目，如图 9-4 所示，但是聚美优品以化妆品为主要经营项目这个大方向一直没有改变。

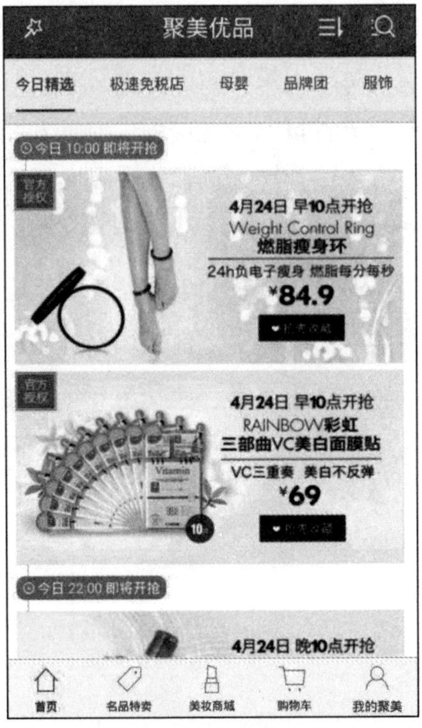

图 9-4 聚美优品每日更新“今日精选”

总而言之，在移动互联网时代，要以“快”制胜，绝不能再继续遵守所谓“十年磨一剑”的完美主义原则，因为这世界没有完美，等你的产品打造成你认为完美的时候，也许产品已经过时了！

9.2 移动互联时代尽快出错，别怕犯错

很多企业都怕自己犯错，怕承担犯错的责任，所以在制造产品和提供服务时一直小心翼翼、一再打磨，力求以完美的姿态展现在用户面前，这样的想法虽好，可却不符合移动互联网时代的“快”思维。其实在互联网时代，是不怕犯错的，反而要让自己尽快出错。因为只有尽快出错，才能知道产品需要改进的地方在哪儿，也才能尽快地更新换代。

为什么移动互联网时代的产品需要试错，企业又该如何试错？其实试错作为一种解决问题的方式，总结起来有两种：一是创新，做别人没做过的；二是用试错来快速发现、解决问题，节省研究讨论的时间，与其坐而论道，不如起而行之。第二种其实更符合移动互联网时代对企业和产品的要求，因为试错更多地体现在对速度和结果的追求上。

腾讯在推出 QQ 时，就是抱着这种不怕犯错、还想尽快犯错的态度行动。QQ 的每一个版本都不是完美的，都存在许许多多的缺点和硬伤。但是 QQ 每推出一个新的版本都会比上一个版本要好，都或多或少改正了上一个版本的缺点。马化腾在打造 QQ 时，并没有抱着“我不能犯错，我一定要将 QQ 打造得毫无缺点才能将它推出市场”的想法，而是先推出，发现错误了再来改正。

马化腾的这种“尽快出错，不怕犯错”的做法使 QQ 获得了极大的成功。他这种尽快试错的做法成为许多企业学习的榜样，其中就有不少因此而获得成功的，美宜佳就是其中之一。

9.2.1 美宜佳的试错之路

从 2007 年开始，美宜佳就开始涉足互联网，到现在，已尝试过自建综合商城、团购、代收包裹、移动支付等诸多互联网项目，其中一部分因试错

效果不佳而终结，而有些项目却因为不断试错而获得了成功，一直到现在都还在继续，有些项目也才刚刚开始试错。总而言之，美宜佳一直都走在不断试错的路上。

互联网试错之路一：自建商城。2010 年，很多自建商城的传统企业都失败了，那时美宜佳就已经有了自己的线上商城，而且也获得不少好评。但是好景不长，因为线上商城没有差异化也没有价格优势，所以美宜佳的第一次互联网试错之路最终还是失败了。2010 年，美宜佳选择关闭线上商城。

互联网试错之路二：团购。自建商城失败之后，美宜佳又走上了团购商品模式的互联网试错之路。但因为美宜佳对参加团购的商品贸然进行精简，缩小了用户群的范围，所以美宜佳的第二次互联网试错之路也失败了。

互联网试错之路三：代收包裹。这个项目主要是与电商网站合作，利用线下 5 600 家门店作为包裹自提点，为用户代收快递包裹，如图 9-1 所示。数据显示，美宜佳每月代收包裹达到 10 万份，效果还不错。此外，线下门店对电商网站上的一些商品和优惠信息进行展示，借此将线下的消费者引到了线上，而其他电商网站的包裹用户则回流到美宜佳的线下门店中。从现在的发展状况来看，美宜佳的这条互联网试错之路成功了。

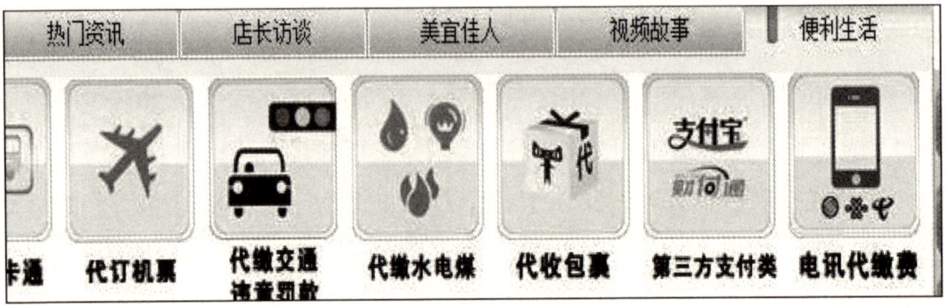

图 9-5 美宜佳提供的各种便利服务

互联网试错之路四：提供移动支付。2013 年年底，美宜佳与支付宝进行合作，上线条码支付功能，成为国内首家提供条码支付的连锁便利店。推出条码支付之后，美宜佳单日成交交易超过 1 万笔。传统零售在收银方面的成本很高，有收到假币、残币的风险，还需要准备大量零用现金，支付宝的使用可以减少这些麻烦，而随着支付宝用户以及微信支付用户的增多，美宜佳的移动支付试错之路前景非常可观。

互联网试错之路五：O2O 模式。美宜佳从 2014 年开始，就通过公众号实现了 O2O 模式，如图 9-6 所示。用户通过微信就可下单并享受特别优惠，通过移动支付之后，美宜佳就会配送上门。从现在的效果看，美宜佳的这步 O2O 试错之路走得非常不错。

可以说，美宜佳的互联网转型之路，是不断地在试错，结果有成功也有失败。虽然如此，但美宜佳在不断试错之后，已走上去往互联网的大路。

美宜佳是试错的正面教材，但也有很多企业成了反面教材。为什么它们的试错之路会失败呢？这是因为它们没有做到以下两点。

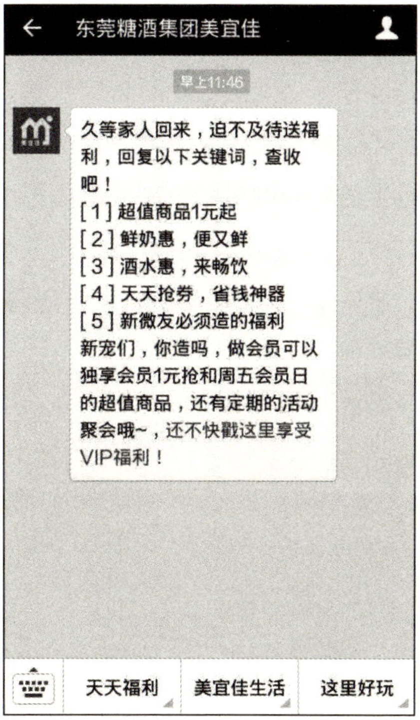

图 9-6 美宜佳微信公众号

9.2.2 试错时也要考虑成本

用试错来解决问题，省下了分析、研究、讨论的时间，但也要付出相应的代价。代价包括两个部分：一是尝试解决问题所需要花费的成本，二是被错误的解决方案所浪费的时间成本。前者容易计算，后者却很难估计，所以往往有许多企业拿捏不好其中的度。

互联网公司一向以“小、快、灵”而著称，对于这种能快速解决问题的试错模式情有独钟，通过在尝试中不断发现问题，及时调整，诞生了许多成功的案例与非凡的突破。但同时，也有很多企业失败。它们为什么会失败呢？就是忽视了试错的成本。

内地知名组合羽·泉在跨界组建“巨匠”时，就采取了一种成本最低的试错实验品，就是他们出道16年的歌手组合品牌——“羽·泉”。在“巨匠”创始人之一的胡海泉看来，无论是专辑的发布形式，还是娱乐营销逻辑的颠覆，又或是运作演唱会的创新模式，用“羽·泉”这个品牌来试，不但容易许多，成本也相对较低。如果用一个新人或者人气不够旺的新人去做创新案例，失败的几率以及成本都会大上很多，而且还不知道错在哪儿。之前羽·泉就推出了一个“平衡车”，如图9-7所示，还有打破传统CD模式用U盘发布的一个专辑，效果都非常不错。

图 9-7 “巨匠”推出的“平衡车”

9.2.3 试错也要找到方法

试错不是胡试，不是没头没脑去乱搞一通。而是基于经验，选择最可靠、最能解决问题、最具安全性的方式去验证。如果失败，就放弃，然后换另一个方式试错，看哪种方式能得出正确的结果。千万不能抱着“不撞南墙不回头”的想法，解决的方案不对，就应马上放弃。如上文所述，试错也是需要成本的。

QQ、微信、微博为什么能这么成功，就是因为它们敢于试错，且快速试错。用最少的时间发现错误，用最好的方法解决错误。当发现一个方法不行，就换另一个。节省试错的时间，也加快产品推向市场的步伐。

总而言之，在移动互联网时代，企业要紧抓“快”字，不要怕犯错，要尽快试错，这样才有可能超越其他企业或者继续保持领先地位。

9.3 营销方式不当要尽快放弃，别再纠结

营销，不管在哪个商业时代都是需要的。营销的方式多种多样，传统商业时代的营销手段一般是打广告，如脑白金，通过电视广告覆盖了大半个中国，那时，谁都能来一句“今年过节不收礼啊，收礼只收脑白金！”PC互联网时代则是在电脑中植入各种各样的广告，通过电脑网页上的广告来增加曝光率。这两个时代的营销方式在当时是非常适合，也非常有效的。因为这两个时代的商业思维不讲究快，讲究的是“慢工出细活”，用户的选择也相对较少。但如果在如今的移动互联网时代还用这两种方式来做营销，来打广告，那么必死无疑。所以，还在用传统方式做营销的企业主们，赶快放弃吧！赶快去适应并使用新时代的营销方式吧！

在移动互联网时代做营销也要讲究“快”字，营销的方式和途径要方便快捷。如果营销方式不恰当，没有效果，企业要尽快放弃。无论为这次营销活动投入了多少资金，都不要纠结，要果断放弃。

在这一点上，可口可乐就做得非常好。它的历史有多久，想必不用多说。它经历了商业3个最重要的时代：传统商业时代、PC互联网时代以及现在正在经历的移动互联网时代。在每个时代它都用了最适合自己的营销方式，一旦进入新的时代，就果断放弃旧时代的营销方式，同时不管在哪个时代，如果发现营销方式不适合就果断放弃。因为它深知移动互联网时代时间的重要性，所以无论做什么都一定要快，营销也一样。现在我们就来看看，可口可乐是如何在营销方面做到“快”字诀的吧！

9.3.1 可口可乐营销方式的快速转变之道

在传统商业时代，可口可乐也像脑白金一样，在电视上打硬广告，

在各个城市、农村的墙上刷上可口可乐的宣传语，还冠名各种节目。当进入PC互联网时代后，这种营销方式已经很难奏效，而且投资也越来越高，可口可乐果断减弱了在硬广、冠名上的投入，转而将营销重心放在互联网上。既有与传统门户网站一起合作的方式，也有一些跨界营销的活动。如图9-8所示。

图 9-8 可口可乐部分跨界营销活动

进入移动互联网时代之后，可口可乐更是紧跟时代潮流，将重心放在了移动营销上。可口可乐的昵称瓶、歌词瓶就是一次成功的与微博的营销合作。与百度魔图的合作也是非常成功。用户只要将自己的照片上传到百度魔图，就可生成可口可乐的海报，通过这种方式成功分享了百度魔图的过亿用户。除了这些 App 软件上的移动营销，可口可乐还经常通过微信公众平台与其他品牌进行跨界合作。例如可口可乐曾与易迅网合作。

之前可口可乐走过品牌营销路线，但发现这种营销方式非常不适合自己的目标客户群，于是果断放弃了品牌营销路线，转而配合移动互联网的特点，迎合目标客户群的口味，将营销路线定位在更快、更好玩、更碎片化的年轻路线。

可口可乐这种果断放弃不合时代、没有效果的营销方式，不但为自己减少了损失，也为自己下一次营销计划的制订争取了时间，加快了脚步！

9.3.2 借助现有平台，加快开发新营销模式的脚步

当企业发现某些营销模式不适合自己之后，选择了果断放弃，但放弃之后，却又面临着一个难题："旧有的模式被摒弃了，但去哪里找适合自己的新营销模式呢？想要开发一个新的营销模式，是需要很多时间和资金的！"其实这些问题都不难解决，企业可以通过现有平台，加快新营销模式的步伐。

例如 App，手机上有各种各样的 App 软件，企业可以通过与这些 App 软件合作推出更新、更符合用户需求的营销活动。例如益达在腾讯视频手机 App 中植入广告，每个打开视频的用户，都会先看到益达的广告海报，如图 9-9 所示。还有微博，微博是现今最好的广告平台之一，企业可以制造一些话题、在微博上发起一些活动来吸引微博网友的注意。只要广告足够优秀，微博的广告效果又快又好。微信公众平台无疑是近年各大企业的新宠，企业也可紧跟潮流，加入进来。

图 9-9 益达在腾讯视频手机 App 上打的广告

9.3.3 改变营销方式时要又快又准

在决定改变自己的营销方式时，企业不但要快，还要准。有些企业为了讲究速度，就不顾内容，无论更换多少次营销方案，最终都会失败。所以更换营销方式时，既要快又要准。准的意思是替换的营销内容是否能准确抓住市场，是否能满足用户的需求。做到了这两点，更换营销方式才有意义。

比如广发、招商等银行，当看到互联网金融造成的冲击和看到自己传统营销渠道的弊病后，马上改变了营销方式，而且又快又准。例如它们的微信服务，例如它们与线下商家合作的 O2O 模式，如图 9-10 所示，基于用户需求，准确地抓住市场走向，在改变营销方式后增加了不少的用户。

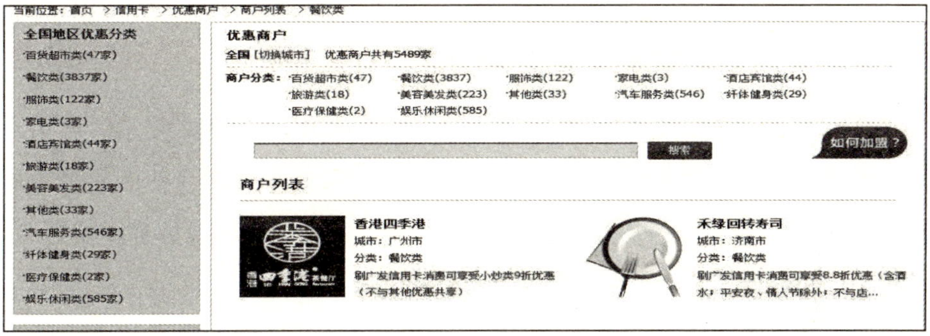

图 9-10 广发银行线下合作商家

当一条路走不通时，就要懂得随机应变，“不撞南墙不回头，或是撞了南墙也不回头”的固执企业，是很难在移动互联网时代获得太大成功的。

9.4 给用户“唯快不破”的速度和刺激感

根据谷歌数据，网页加载的速度超过 4 秒，选择放弃的用户就会达到 25%；手机页面加载的速度超过 10 秒，选择放弃的用户就会达到 50%，其中有 60% 的用户不会再选择返回；谷歌搜索的速度如果慢 0.4 秒，一天会减少

800 万次的搜索量；移动购物网站页面加载时间超过 3 秒，有 40% 的用户会放弃；亚马逊每天的销售额平均为 6 700 万美元，如果延迟一秒，就可导致全年损失 16 亿美元。

从这些数据我们可知，“快”在这个时代有多重要。“快”是这个时代企业之间竞争的手段，谁能更快，谁获得的用户就更多。反之，越慢的企业，流失的用户也就越多。在这个分秒必争的时代，企业的脚步只要慢下来就等于认输了。

百度为什么能成为中国的第一搜索引擎，就是因为它能时刻给用户“唯快不破”的速度和刺激感，这是很多搜索引擎企业无法做到的。现在我们就来看看，百度是如何做到“快”的吧！

9.4.1 百度极速搜索，给用户“唯快不破”的极速刺激

百度在优化搜索之路上奋斗了 10 年，这 10 年，百度在搜索速度上经常会给用户带来一些惊喜，这也是它能成为中国第一搜索企业的最根本原因。2014 年 3 月初，百度搜索速度再次革新，推出了“极速搜索模式”，这个模式可让搜索引擎响应搜索的速度提高 10 倍，最快仅需 0.03 秒的响应时间，用户就能获得想要的结果。

0.03 秒是个什么样的概念？人类眨一次眼 0.2 秒，博尔特起跑 0.16 秒，子弹穿过木板 0.05 秒，也就说，你眨一下眼的时间足够让百度完成 6 次搜索行为。相对人类的反应时间，百度的极速搜索模式可以说等同实现“零延时”的效果。

通过极速搜索，以往点击“百度一下”之后所进行的网络传输和检索计算就可完全被节省下来。用户输入搜索词，极速模式会通过大数据计算功能和异步搜索技术，使搜索系统能够提前预测到用户所要检索的关键词，并请求后端服务获取搜索结果。所以，当用户点击“百度一下”时，百度的实时页面就会瞬间被展示出来。如搜索李易峰时，百度就会将相关的“陈伟霆、

杨幂、马天宇、唐嫣、吴昕、李菲儿”的信息全部准备好，如图 9-11 所示，等用户做出搜索指示后，就能在前端搜索页面全部展现出来。

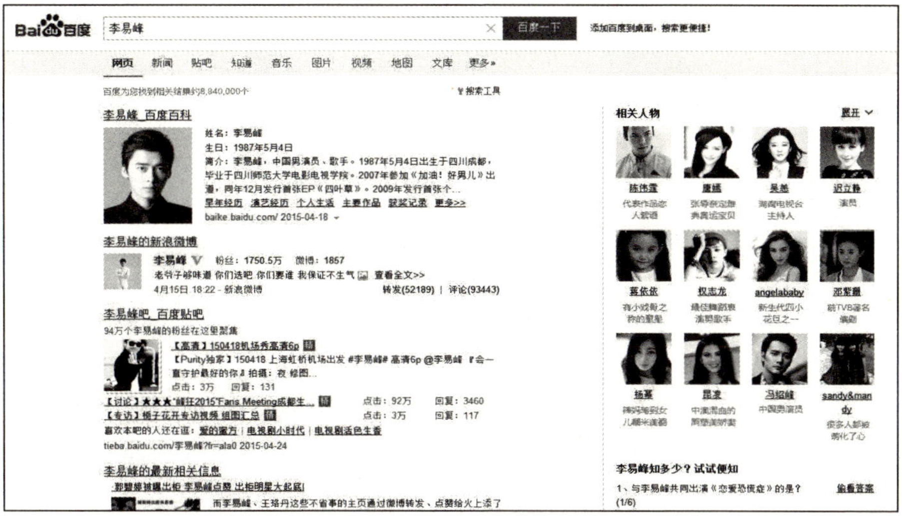

图 9-11 百度搜索“李易峰”部分相关结果

这个极速模式对用户来说是完全透明的，用户的搜索方式也不会受到任何影响，但是用户对搜索速度的要求会越来越高，所以百度还要继续把自己逼疯，追求更快的速度。互联网追求的就是一个“快”字，作为互联网的入口，百度更要走在一切企业的前头，只有给用户“唯快不破”的惊喜和刺激感，才能吸引用户、留住用户、巩固用户。尤其当互联网从 PC 端走向移动端时，移动端对“快”的要求更高，百度在 PC 端和移动端推出的“极速模式”可谓是给了用户一个大惊喜。

9.4.2 快就是要让用户感觉到爽

在移动互联网时代，单是快肯定是不够的，关键是这种快能不能让用户感觉到爽。用户感觉爽了那才是真快，用户感觉不爽，再快也没用。这个爽是什么意思，就是快的内容是否是用户所需要的，用户是否能因为你的快感觉到惊喜，是否能让用户感到企业这次的快与之前的快有很大的差别。

这就像我们平常订尚品快餐，如图 9-12 所示。如果你在上午 11 点半点的餐，通常要 12 点半才会送到，这时午休时间已经过了半个小时，你要饿着肚子等待一个小时。但是这次快餐员 12 点整就将饭送到了，你肯定会觉得这次怎么这么快？这就是给用户的惊喜，让用户少半个小时的等待时间，这就是用户的需求。企业追求“快”字的道理也是一样的。

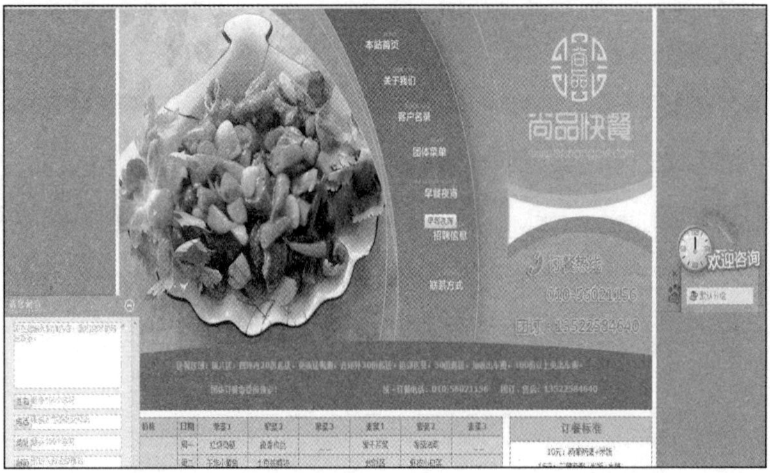

图 9-12 尚品快餐

9.4.3 宁要快速模式下的缺陷，也不要迟到的完美

“快，再快一点儿！”这是人们对于互联网企业和产品的要求，如果你的速度足够快，即使推出的产品有缺陷，用户也能接受，只要能在快速迭代时弥补就好了。如果你能快人一步，就能领先一步占有市场，先入为主占有用户。如果产品还有地方不完美，可以等待下次改进。但是如果你一味追求产品的完美，而不在乎速度，那么当你将产品推出市场时，这款产品已经无法使用户产生新鲜感了，失去了引导潮流的作用。比如诺基亚，一直力求功能上的完美，结果因为追求完美慢了其他企业好几步，以至于失去了以往引领潮流的优势。如图 9-13 所示。所以说，互联网时代只要不是质量上的严重缺陷，一打造出产品就要马上将它推出市场。

诺基亚重返手机市场能否东山再起?
搜狐IT 2015年04月22日 08:57
近两日,诺基亚2016年重返手机市场的消息不绝于耳。消息是否属实并不重要,关键是诺基亚重返手机市场到底有没有机会。如果有,它的机会又在哪里呢?在操作系统同质化的
4条相同新闻 - 百度快照

诺基亚宣称要回归手机行业 能否王者归来?

中金在线 2015年04月22日 08:24
有消息称 诺基亚可能会在2016年的第三季度重返手机市场 因为到那个时候 诺基亚手机品牌将结束对微软的授权 自己可以再推出诺基亚品牌的手机 其实 微软现在也并不再用... 8条相同新闻 - 百度快照

与微软协议即将到期,诺基亚手机将于2016年回归
搜狐 2015年04月21日 09:00
火星文:根据与微软签订的协议,诺基亚在今年年底前不得使用诺基亚的品牌出售手机。该协议还规定直到明年第一个季度之前,诺基亚不得将任何手机以"诺基亚"命名。但这... 百度快照

诺基亚或收购阿尔卡特无线业务 外媒:可能失败
网易新闻 2015年04月14日 11:26
诺基亚或收购阿尔卡特无线业务 外媒:可能失败2015-04-14 11:57:26 来源: 参考消息网(北京) 分享到: 0 参考消息网4月14日报道外媒称,诺基亚(Nokia)正在就... 30条相同新闻 - 百度快照

图 9-13 网络上对诺基亚能否东山再起充满质疑

在这个唯快不破的极速时代，快是成功的必备因素之一。企业只有快速适应行业变化，更快提出解决方案，做到极致的快才能远远地甩开对手，争取一时的领先地位。为什么说一时？因为在移动互联网时代，只要迟上一秒，就会有企业利用这一秒追上你，并把你甩在后头。

9.5 没有智慧的“快”比不动死得更快

有人说，移动互联网世界的快是让人窒息的，是要让每一个创业者都拼上命的。是的，它的这种快，是所有企业都在不断追求的。很多企业家仍然保留着工业经济时代的思维，在做决策时喜欢定 5 年目标，然后刻舟求剑地去执行，一味地追求目标完成的速度。他们只看得见眼前时代的大变迁，而忽视了世界的小变化，但往往企业被颠覆就是因为这些小变化。所以最后的结果就是“它被世界淘汰了！”

是的，“快”是移动互联网的一个特质，企业想要有所发展就必须比别

人更快，但是这种快要包含着智慧，包含着内劲。这样的“快”才能像李寻欢手下的飞刀一样，快得让人无法看清更无法抵挡。

腾讯旗下的QQ音乐可谓是真正地把握住了“快”字诀的真谛，它每一次的出招都像小李飞刀一样快、准、狠，让人无法抵挡。所以才能在短短的几年时间内成为手机音乐软件的老大，不但受到广大用户的喜爱，还收获了音乐行业的认可，通过它2015年举办的QQ音乐盛典就可得知。那么我们现在就来看看，QQ音乐到底是如何把握“快”字诀真谛的吧！

9.5.1 QQ音乐：像“小李飞刀”一样发展

QQ音乐是依托于QQ而生的，最初的用户都是由QQ导流过来，虽然有腾讯这么大一棵树可以做倚靠，但QQ音乐却深知如果自己不发展，有多大的靠山都没有用，QQ音乐要成为一个让人记得住的独立品牌，就应该跟上时代的步伐，像小李飞刀一样，“又快又准”地发展。

首先，QQ音乐为了保证品质，引进的全都是正版音乐，而且数量高达百万首，如图9-14所示。如果自己没有获得版权，即使这首歌再红，也绝不会引进。重视版权这一点，就让QQ音乐走在了其他音乐软件的前头。而且在引进版权时，QQ音乐并没有为了求快，就大量引进。世界上的音乐何止百万首，QQ音乐在预估了自身的能力之后，最初只引进了百万首左右的歌曲，其他歌曲则随着后续的发展再慢慢引进。

其次，加快音乐云同步脚步。云数据已成为移动互联网时代的一大发展趋势，QQ音乐紧跟这一发展趋势，以最快的速度完成音乐云同步。用户登录QQ音乐后，就能随时关注喜欢的歌手，看喜欢的MV，同时还能随时随地接收到所关注歌手的信息。如图9-15所示。

再次，加快部署音乐社区。这一点是为了加深用户的黏性。添加音乐社区，用户能给好友点播歌曲、订阅好友歌单等，增加与好友音乐互动的乐趣。

最后，快人一步创建App音乐杂志。QQ音乐的创新速度绝对是少见的，在此之前还没有哪个企业会在音乐软件中设置专栏，让音乐软件的一部分成为一个访谈节目，成为一本杂志。现在 QQ 音乐已开启了多个专栏，如图 9-16 所示，如《乐谈》《乐见大牌》《巅峰乐 · 语 · 路》《QQ 音乐巅峰榜》《乐人》，除了这些，用户还可以在 QQ 音乐中购买自己喜欢的歌手专辑。在推出这些栏目时 QQ 音乐虽然也追求速度，但更注重质量，所以它的专栏是依次设置成功的，对于每期专栏明星的选择也是慎之又慎。它在快速发展的过程中，也绝对保证了自己的质量。现在 QQ 音乐已经实现自己与腾讯视频无障碍转化的功能，用户除了可以在 QQ 音乐上直接看视频，还能看 QQ 音乐颁奖礼的现场直播。

图 9-14 QQ 音乐引进的各种类型的正版音乐

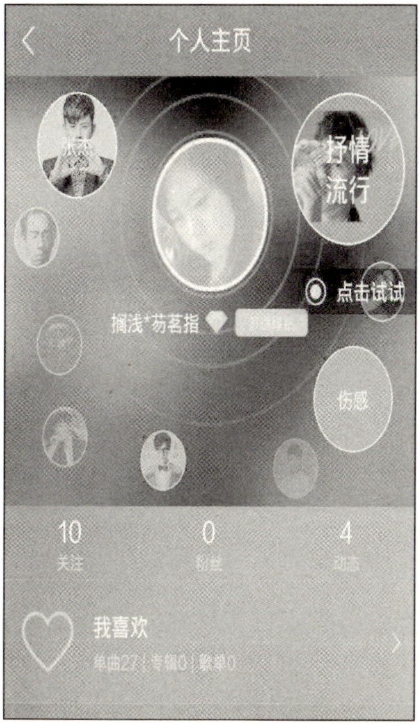

图 9-15 QQ 音乐“云同步”

QQ 音乐的每一次发展都快人一步，在创新之余也不忘注重质量，注重音乐的权威性。所以现在 QQ 音乐才能成为最受用户喜爱，也最受专业人士认可的音乐软件。

图 9-16 QQ 音乐的各个专栏

9.5.2 追求快的过程中，也要重视内容

但有些企业在求快的过程中却走了偏锋，一味地求快，忽视了内容。有些企业为了让产品能早日上市，能博得话题，随便复制一下别人的就推出了，没有自己的核心，没有自己的特点，完全没有能让用户嗨到极致的点。这一点是非常致命的，无法让用户记住，企业推出多少产品也无济于事。

即使微信 1.0 出来之时，只有最简单的聊天功能，如图 9-17 所示，但它也有自己的特点，就是朋友圈，与 QQ 完全不同的具有隐私性的朋友圈。所以微信 1.0 一出来，虽然知道的人并不多，但是只要是知道的人，就会记住它。之后，微信的每一次迭代都是围绕着这一点来打造，将这个核心放大，让每一个用户都能记住它的特点。现在微信已经渐渐取代手机 QQ 在移动端的即时聊天地位。

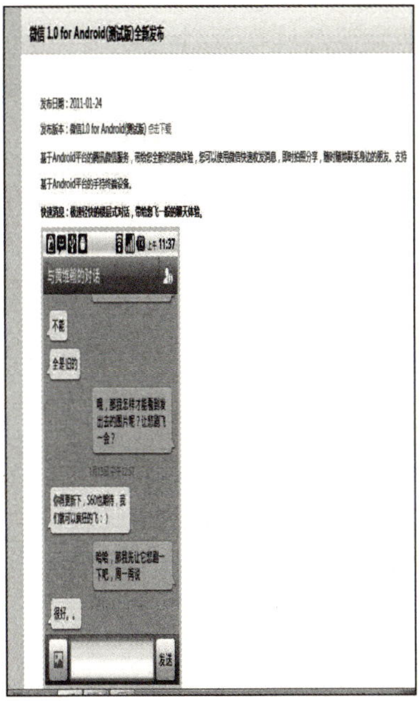

图 9-17 微信安卓版 1.0

9.5.3 追求快的过程中，要考虑到自己的能力

有些企业则是盲目追求规模，扩张了多少多少家公司，新开了多少家店，就认为自己非常厉害，步伐走得非常快了。完全没有考虑到自己是否有能力跟上扩张的步伐，在扩张时没有想到自己的资金是否能支撑这么多家公司或者店铺的运营，或者扩展出来的店是否有能力独当一面？如果不能，前者会造成资金链断裂，后者则会影响品牌声誉，这两点对企业都是致命的，后者在那种加盟连锁企业表现得尤为明显。

海底捞在这一方面就做得非常好，虽然如今声势火爆，每家店的生意都应接不暇，但依然不盲目扩张，除非自己能培养训练出新的一批能独当一面的员工，否则宁愿因太忙流失了生意，也绝不扩张。这是因为海底捞希望每一家分店的品质都是和总店一样的，不会影响海底捞的品牌。

移动互联网时代，谁能把握“快”字诀，谁就能站在胜利的制高点。但是一味地追求快，也是不可能成功的，也要注意内容，也要有“智慧”、有“内劲”。

第 10 章

不懂跨界别说你懂移动互联网

跨界思维是如今被谈论最多的一种思维模式。从最开始，苹果从电脑行业跨界到数码行业，搅得数码行业一片混乱，再跨界到手机行业，颠覆了手机巨头诺基亚；微信跨界到通信领域，颠覆了运营商的语音以及短信业务；支付宝跨界到金融行业，对传统银行造成了巨大冲击。这些都让我们领略到了跨界的巨大力量。跨界是无处不在的，也许可能只是一个微小的创新，也许可能只是企业一个微小的变化，但却能引发“大爆炸”，改变大产业格局。

10.1 有跨界才有颠覆，无颠覆就只能淘汰

如今，在移动互联网这个高度开放的市场中，无论传统企业还是互联网企业，都应该主动求变，大胆创新，先颠覆自己，再颠覆他人。所以，越来越多的企业像“站在门口的野蛮人”一样抢走那些不肯求变的企业的生意，而且让企业防不胜防的是，这种跨界颠覆，它们根本不知道如何抵挡，也不知道怎样出手反击。

马云是近几年最受关注的商业大佬，一度登上中国的首富榜，而他的发迹也不过是最近几年时间而已。起码在 2010 年之前，中国大概有 90% 的人不知道马云是谁，但现在中国恐怕只有 10% 的人不知道马云是谁。为什么他能在短时间内获得这么大的成功？就是因为他敢于跨界，敢于颠覆。他深知单靠做电商是不可能获得自己想要的成功，如果想把阿里巴巴做大，让自己成为中国首富，就只有跨界，只有颠覆。如果不进行跨界和颠覆，当中国电商发展到一定阶段，阿里巴巴肯定会被淘汰。

所以马云跨界金融做起了余额宝；跨界地产做起了房产买卖；跨界影视拍起了电影电视剧；更颠覆的是，居然跨界体育行业入股恒大做起了足球……阿里巴巴近年种种举动，都表明马云是一个敢于颠覆的人，是一个能够一手连接传统企业，一手连接互联网企业玩跨界玩颠覆的人。

移动互联网企业中流传着一句话：“如果你不跨界去打别人，就有别人跨界打你！”所以，为了自己不挨打，就必须要进行颠覆性的跨界合作，寻找新的升级。

跨界颠覆已经成为移动互联网时代的一种常态，许多企业都进行了跨界，而且也通过跨界获得了不小的成功。马化腾的腾讯也和马云的阿里巴巴一样，是一个敢于跨界、敢于颠覆，并依靠跨界颠覆获得巨大成功的典型代表。现在我们就来看看，腾讯都进行了哪些跨界颠覆的吧！

10.1.1 腾讯跨界：哪里有钱赚，哪里就有腾讯

腾讯所跨的行业可以说真的是无所不有，可以说哪个行业有钱赚，腾讯可不管自己熟不熟，先跨了再说，然后再凭借自身的资源颠覆那个行业，即使做不成第一，也能在那个领域大把大把捞金。

腾讯跨界颠覆之一：滴滴打车。自从马化腾和马云分别入股了滴滴打车和快的打车之后，如图 10-1 所示，之前在打车软件市场有一席之地的摇摇打车和官方叫车系统现在已经消失得无影无踪了。滴滴打车和快的打车的烧钱大战颠覆了传统的打车软件市场，让用户和的士司机都获利不小。

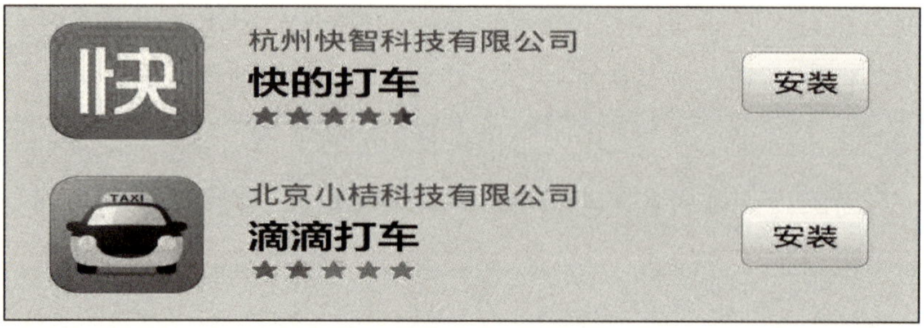

图 10-1 “滴滴打车”和“快的打车”

腾讯跨界颠覆之二：微信支付。如图 10-2 所示。最初腾讯和支付领域毫无关系，支付领域基本上是被马云的支付宝所把持。但腾讯看到了支付领域未来的发展前景之后，也加入到该领域当中，完全打破人们对腾讯只能做聊天工具的印象。此前跨入打车软件领域也是为了争夺移动支付的入口。腾讯此次的跨界很成功，它的微信支付已有让支付宝霸主地位不保之势。

腾讯跨界颠覆之三：电子商务。如图 10-3 所示。在看到淘宝大笔大笔挣钱之后，腾讯忍不住了，又一头跨进电子商务的领域。从最初的拍拍网到如今的微店，看来马云和马化腾之间的战争，一时半会儿是停不下来了。

图 10-2 微信支付

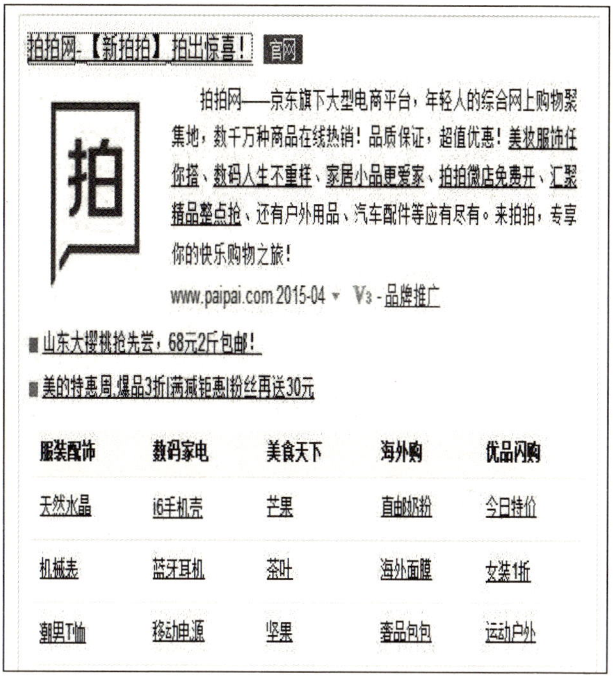

图 10-3 腾讯拍拍网

腾讯跨界之四：娱乐圈。如图 10-4 所示。看看现在的腾讯娱乐，无论是在明星八卦的挖掘上，还是自制娱乐节目的火爆程度上，又或者是 QQ 音乐的权威性上，腾讯此次的娱乐圈跨界相对于它的电子商务，可谓非常成功。

图 10-4 腾讯网

腾讯跨界娱乐之五：在线教育。如图 10-5 所示。腾讯和教育行业发生关系，估计让很多网友跌破了眼镜。互联网企业和传统教育行业还能发生关系？但马化腾偏偏做到了，就是要跨界玩一玩教育，让网友吃惊一番。按现在的情况来看，腾讯的跨界颠覆又一次成功了。

图 10-5 腾讯课堂

腾讯所跨的行业还有很多很多，在此就不一一列举了。总而言之，马化腾能打造出如今备受瞩目的腾讯王国，这和他敢于跨界颠覆分不开。

跨界，颠覆自己，虽说考验的是企业的胆量，但能不能成功看的是企业有没有掌握跨界的技巧。跨界不是为了覆灭自己，而是为了让自己不被淘汰，并获得成功，所以掌握跨界的技巧是很重要的。

10.1.2 合理审视企业的产业特点

跨界并不是说想跨就跨的，没有跨的技巧，那么就不是颠覆他人，而是将自己颠覆了。企业跨界之前，先要客观合理地审视自己的产业结构、企业格局是否合适，是否能符合当下的发展趋势。尤其是一些传统企业，对于跨界的经验本身就不多，而且也有很多被限制的地方，如果盲目跨界，结果肯定是会赔了夫人又折兵。

就像去年在浙江卫视播出的《骄阳似我》，如图 10-6 所示，这部电视剧就是运动跨界的失败案例。运动和编剧、导演根本没有太大关系，编剧田亮是国家运动员出身，没受过专业培训，只是拍了几部收视率并不高的电视剧，缺乏拍摄电视剧的经验。田亮没有合理审视自身的缺点，这部电视剧最终以失败告终。

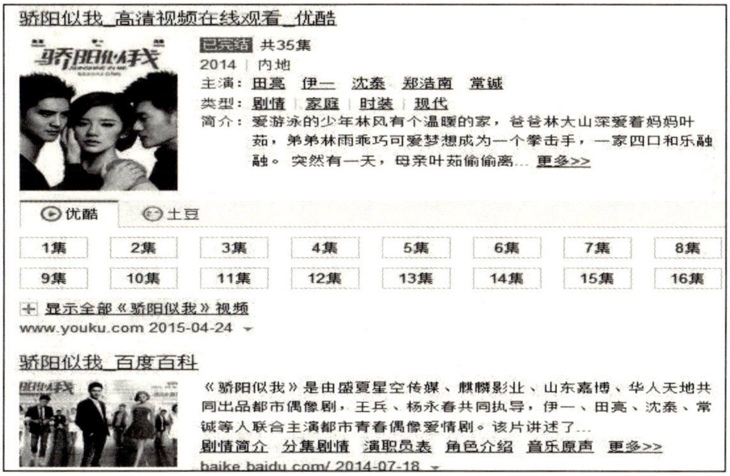

图 10-6 电视剧《骄阳似我》

10.1.3 寻找最合适的行业进行跨界

想要跨界，对要跨的行业一定要慎重选择。先要对市场进行调查，如果发现哪个行业的缺点非常明显，而且自己又有足够能力去弥补的，就可以跨界到这个行业。

苹果之所以从电脑核心转变到数码产品，就是因为乔布斯发现市面上很多数码产品的做工并不怎么样，而苹果却是以精致著称，恰好能弥补这一市场缺陷。看如今苹果在数码界混得风生水起，就可知乔布斯当时的选择是非常正确的。

有些企业害怕跨界，但是不跨界，不对自己进行颠覆，那么最终只能被其他先行跨界的企业所淘汰。所以企业一定要勇敢地跨出这一步！

10.2 跨界从自我颠覆开始

在中国，不少人把跨界当作救命稻草，从汽车、手机、金融到服装、鞋、手表等都纷纷打出了跨界的概念。其中，有些人成功，有些人失败。很多人言必称跨界，但却很少有人能真正驾驭它。

想像小米雷军一样成功跨界上位可不容易，当初雷军从金山软件一举跨进手机行业，现在又跨界了家电、房地产行业，每一个跨界都获得了一定的成功。雷军是跨界成功的代表，那么BAT 3大互联网巨头的联手跨界则是失败的代表。为什么BAT会失败？它们同是互联网企业的大佬，同样能将互联网思维玩得团团转，也都有过不少成功的跨界案例，为什么这次的联手却失败了呢？这是因为它们都紧守着自己，不肯对自己进行颠覆。

想要从跨界中取得成功，第一件要做的就是敢于颠覆，颠覆他人之前，要从颠覆自我开始。如果自己都不肯改变自己，那么还如何要求别人来改变？

无论是谁，无论你是企业大佬，还是个体小户，想要跨界上位，就要先颠覆自我。跨界和颠覆已然成为移动互联网时代的一种常态，不只是各个企业进行跨界颠覆，就连明星也开始了跨界创业、颠覆自己之路。在所有跨界明星中，羽·泉组合可以说是一个非常经典的代表。现在我们就来看看，羽·泉是如何跨界的吧！

10.2.1 左手坚守音乐，右手玩转跨界

羽·泉本是一个在内地颇具声名的唱歌组合，出道十几年，唱过不少脍炙人口的歌曲，颇受歌迷喜爱，如今已经成为国内音乐圈颇受尊重的前辈，可以说羽·泉在音乐圈已是功成名就。但从“巨匠”的出现看来，他们已然

不满足于在音乐界的成就，走上了“左手坚守音乐，右手玩转跨界”的颠覆之路。如图 10-7 所示。

图 10-7 北京巨匠文化有限公司

2013 年年底，羽•泉发布了一张 U 盘形式的新专辑，售价为 150 元。时隔一年之后，羽•泉又发布了《敢爱》专辑。这次的专辑形式更加颠覆，是一张没有专辑的专辑，通过与智能耳机 VOW 一起合作，将高品质的无损音乐植入到耳机音乐播放器中。同时，还有充电宝、蓝牙音箱、入耳式耳机等科技产品也成为新专辑的载体，羽•泉将二维码打在这些硬件设备上，然后通过二维码以流媒体的形式进行分享。这种与科技领域的跨界合作，完全颠覆了传统唱片的发行模式——光盘。

除了在音乐上与科技产品进行跨界颠覆合作，羽•泉还与互联网联合跨界营销，2014年圣诞节演唱会与乐视进行了一次合作，开启线上直播的尝试，并在2014年12月1日展开预售活动，5 000张线上观看门票只用8分56秒就被一扫而空。

除了利用这些跨界颠覆音乐的表现形式，羽•泉还以巨匠合伙人的名义投资了订票软件黑马、平衡车等与音乐无关的产业。

可以说，作为一个明星，羽•泉的这种敢于自我颠覆的精神是非常少见的，而从巨匠现在的发展看，他们的跨界颠覆无疑是非常成功的。他们没有固守专业歌手、知名明星的身份不放，颠覆自己的思维、传统的工作模式去适应所跨行业。

10.2.2 改变自我产业结构，配合移动互联网的趋势

企业想要自我颠覆，引爆跨界，先要从自身的产业结构上进行改变和颠覆。一个企业的产业结构决定了发展的方向，是当前企业盈利的来源。但是在移动互联网时代，有些企业的产业格局还是相对老套，跟不上时代的发展。如果不进行改变，那么不用多久你的发展方向就会越来越偏离，盈利就会越来越低，最后就会被社会淘汰。

比如万达，本身只是传统的地产业，后来为了适应互联网的变化，建立了万达广场，采取了社区模式。而现在更是为了要赶上移动互联网发展的潮流，除了卖电影，还进军电影行业，开发了万达电影手机App，方便用户在线订票、选座。如图 10-8 所示。

图 10-8 万达电影手机 App

10.2.3 自我颠覆需要好的创新，才能给用户新鲜感

跨界时的自我颠覆能否成功，能否给用户留下深刻印象，就看其是否具有新意。并不是所有的跨界都能够成为好的创新。跨界所需要的创新是将某种东西完美地移植到另一行业或者另一领域，创新能发挥出作用，能解决

问题，能引起用户的注意，能给用户好的体验，这才能说是好的创新。

积家的跨界就是一个非常好的创新之举，与世界名画移花接木，利用珐琅彩技术把经典的世界名画绘进表盘，不但使手表有了艺术的美观，还拥有了独一无二的创意，让用户感受到美的同时，又感到非常的新鲜。

是否能跨界成功，是否能通过跨界爬上前所未有的高度，要从自我颠覆开始，先颠覆了自我，才能颠覆别人。

10.3 从移动智能生活细节中找到跨界方式

有些企业不是不想跨界，而是因为找不到跨界的方式，不知道自己要如何跨，从哪跨，所以只能眼睁睁地看着那些已经找到跨界方式的同行们因为跨界找到春天，把自己远远地甩在了后头。其实，跨界无处不在，每个行业，每个生活中的小细节都与跨界息息相关，就看你是否能发现它。

如今，移动智能设备充斥着我们生活中的方方面面，手机、iPad 等已成为了人们不可缺少的一部分。有人调侃："现在世界上出现了一种比吸毒更可怕的瘾，就是手机。"这句话虽然玩笑的成分居多，但却道出了实情。人们出去吃饭要先在大众点评网查看哪家餐厅比较好，看电影要先看豆瓣网哪部评分比较高，出行先看手机地图，要听歌、要购物、要旅游、要找工作都要通过手机。可以说手机已成为人们生活中必不可少的一部分。

于是许多具有敏锐目光的企业家就从手机中嗅出了商机，找到了跨界方式。小米就是其中的典型代表。雷军不愧为互联网界的跨界先锋，单是通过人们喜欢手机听歌这一个细小点，就又一次找到了跨界的方式。现在我们就来看看，雷军是如何造就又一次跨界经典的吧！

10.3.1 小米张杰跨界合作，推出小米 Note 黑色典藏版

2015 年 4 月 15 日一则消息在米粉和星星之间炸开了锅，令前者兴奋的是小米又要发新品，米粉们又可以追新品了，而后者激动的是张杰居然又发专辑了。但最让人们兴奋的是，小米的新品居然和张杰的新专辑联合发布。15 日下午，小米的“伍＋拾”发布会正式开始，伍代表小米五周年，拾是张杰对过去 10 张专辑的总结。在发布会上，雷军和张杰合作推出了小米手机 Note 黑色纪念版。这款手机不是单纯的专辑加手机，而是联合版本，包括黑色小米手机 Note、张杰首发新专辑《拾》及 140 页写真、纯手工皮纹音乐礼盒，售价为 2 499 元，限量发行 3 万套，正式开售时间为 4 月 21 日下午中午 12:00，已开放官网预约。如图 10-9 所示。

图 10-9 小米 Note 和张杰的跨界合作

消息一出，不但有许多星星们上网预约，也在网络上掀起不小波澜。当日，“黑的发亮”“张杰新专辑拾”就空降话榜，前者还勇夺第一名，同时小米手机和张杰的相关搜索也上了热门搜索榜，可见此次跨界合作的成功。

雷军为什么要与歌手张杰进行合作呢？雷军旗下也没有与音乐相关的业务，除了音响，其实这正是雷军在生活细节中发现的生活方式。雷军发现现在的人们已经很少会通过电脑或者其他渠道听歌，基本上都是手机。所以雷军想到可以与音乐进行跨界合作。不过不能像 VIVO 一样主打音乐手机，这就失去了小米 Note 存在的意义，要找一种特别的方式进行跨界合作。雷军想到了找歌手进行合作，纵观内地的音乐市场，人气、唱功、歌坛地位等综合实力最强的非张杰莫属，同时也打听到了张杰要出专辑以及写真。于是雷军就邀请张杰进行跨界合作，这种新颖的合作方式有新意，又足够吸睛，可谓是双方共赢。

从小米的这次跨界案例中，我们可以发现要寻找跨界方式，不是说一定要往大方向去找，许多生活上的细节都可以找到跨界的方式，而且越能贴近人们生活的，越能受到人们的欢迎。

10.3.2 寻找令人兴奋的生活细节进行跨界

并不是每一个生活细节都适合跨界，必须要都能得到好的效果。因为很多细节是不被人注意的，所以要引起用户的注意，一定要找到那种能令人兴奋的细节，让用户一听到、一看到就能产生购买、使用的欲望。小米从音乐方面入手、与当红偶像进行合作就是一个很好的兴奋点。

网易云音乐就很擅长从生活细节上寻找一些能让用户兴奋的跨界点。就像之前与 Metersbonwe 的跨界合作，打造歌曲主题个性内容。2014 年 9 月，Metersbonwe 推出了 10 款印有网易云音乐 LOGO 和二维码的限量版内裤，以《小苹果》《倍儿爽》《忐忑》等神曲为主题的个性内裤一下子击中用户的兴奋点，10 款限量版内裤被消费者一扫而空。如图 10-10 所示。

图 10-10 网易音乐与 Metersbonwe 的合作

10.3.3 选择用户生活细节中的痛点进行跨界

既然要从生活细节中入手，就一定要能帮助用户解决问题，能击中用户痛点。生活中有很多痛点，无法靠自己的力量解决。发现这个痛点之后，你就可以与其他企业合作，借助他人的力量进行合作，这样可谓是三赢的局面。用户的痛点得以解决，合作的两家企业也达到了自己的目的。

比如最近湖南卫视与江苏卫视的跨界合作，就为用户解决了不少痛点。两家卫视本是死对头，湖南卫视根本看不到江苏卫视出来的明星或者主持人的影子，观众因此也很难在江苏卫视的节目上看到喜欢的明星。但最近两家联手合作，不但让观众惊讶不已，也解决了两家卫视不少痛点。谢娜、张杰、何炅等湖南卫视的标志性人物陆续登上江苏卫视的节目《超级战队》《前往世界的尽头》《为她而战》等，张杰还演唱了该节目的主题曲，同时芒果 TV 第一次引进其他卫视的节目并重点推广《前往世界的尽头》。它们的合作解决了观众无法在芒果 TV 看到其他节目的痛点，如图 10-11 所示，也增加了观众看到自己喜爱的明星的机会，而湖南卫视、江苏卫视也达到了它们的目的。

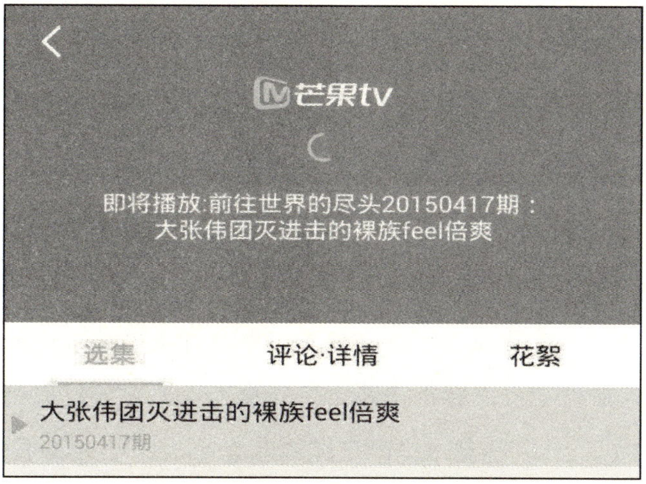

图 10-11 芒果 TV《前往世界的尽头》

跨界已是这个时代的趋势，不用愁找不到跨界的方式，在我们的移动智能生活中处处都有，就看你是否善于发现了！

10.4 大胆一点，风马牛也可以相及

近几年，移动互联网界常常有一些让人感到惊奇、甚至惊吓的跨界合作案。例如蒙牛想在滴滴上送奶、小米联手美的造家电、华为联合汽车企业要造车、腾讯投资中石化等，这些平日里八竿子打不着的企业如今居然联系到了一起，真是让不少用户大跌眼镜。更让人惊奇的是，近两年一直斗得天昏地暗的快的与滴滴居然宣布合作，更是让广大用户惊讶不已，大家都以为想要双方停止争斗，必定要以一方先失败为前提。但马云和马化腾这两个商场“老马”，显然不会跟着观众的思路走，它们不求斗倒对方，只希望合作共赢。

滴滴和快的的案例让我们明白，任何事情都不是绝对的，在商场上，

任何事情都可能发生。你认为不相关的事物，其实只要思维大胆一点，就能发现千丝万缕的关系，就像手机和房地产这两个八竿子也打不着的行业，也可有联系。

越是看似不相关的企业联手合作，引起的市场反应就会越大，用户对此的好奇、讨论的热情也都相对较高。但这就是跨界要的效果，让用户惊奇、好奇，然后形成讨论的热潮，再利用这股热潮产生更大的社会效应，让更多的用户产生购买的兴趣。

马云的胆子一直都很大，否则就不可能有如今的成就。他推动的许多合作案都让人惊讶不已，感觉这两个怎么会有关联，不过取得的效果也一样让人惊讶不已，让人感觉“原来这样做也是可以的”。下面我们就来看看，他是如何进行“让风马牛相及”的跨界合作吧！

10.4.1 跌破眼镜：支付宝和“广场舞”大妈联一起了！

如果把擅长广场舞、以抢购黄金“闻名全球”的广场舞大妈和科技前沿联在一起，很多人都认为这种想法太疯狂。但是在2014年的双12，马云就让这群大妈们成为惊天销售额中的一股新生力军，将支付宝与广场舞大妈们联系到了一起。如图10-12所示。

2014 年双 12，马云让全国人民看到了广场舞大妈的厉害。大妈抢空超市这不是一件新鲜事，因为超市时常会举办一些日常用品的特别优惠活动。不过让人跌破眼镜的是，大妈们居然学年轻人用起了支付宝，通过支付宝去超市购物。一般而言，潮流产品和大爷大妈们距离很远，因为没人教他们，他们也舍不得花钱去购买新科技产品。马云是如何做到这一点的呢？其实很简单，就是利益诱因。老年人对于价格的敏感性一直很高，他们可以因为某个超市或者某个市场的东西便宜一点，就花上大半天时间赶去购买。马云在大妈中间打足广告，在超市只要用支付宝结账每单最高可以便宜 50 元。除了超市，还有餐馆、甜品、面包店等多个日常消费场所，只要使用支付宝结账都可享受到一定的优惠。这么大的利益诱惑，善于理财的大妈们肯定不会错过。回到家就让儿子、儿女教会自己使用支付宝，当天，各大超市不知涌进多少大爷大妈。当天，全国卖出了 90 万个面包、100 万瓶牛奶、15 万个毛毛豆蛋糕、35 万个水饺、2 万个比萨、21 万个馄饨、5 万个甜筒、50 万包芒果干……各类蔬菜水果更是销量惊人，可见大妈们的战斗力有多强。双 12 过去后，为了巩固这批生力军，支付宝也推出不少的优惠活动，吸引大妈们继续使用。

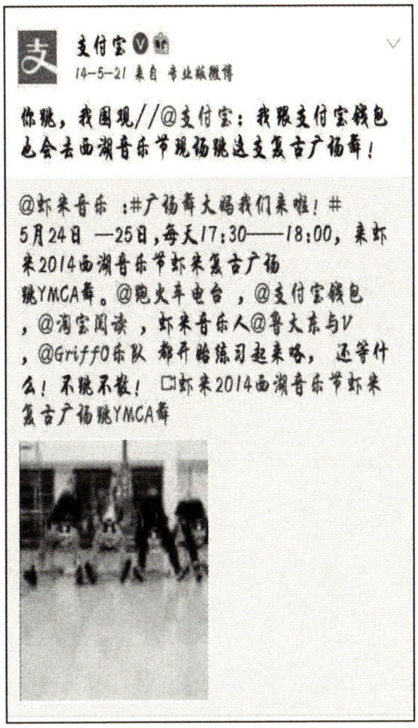

图 10-12 马云和广场舞大妈

广场舞大妈和支付宝发生关系，而且还制造出了不小的轰动效应，让关注互联网行业的人惊讶不已。通过这个案例我们可以发现，一些表面上看似风马牛不相及的事情，其实只要几根线就能将之联系到一起。那都是些什么线呢？

10.4.2 “理念一致”的线

其实风马牛不相及的企业进行合作，都需要一个共同点，就是理念一致。理念不一致即使关系再紧密的企业进行合作也无法得到好的效果，反之亦然。就像上述广场舞的例子，马云和他们的理念就是一样的，“利益”，马云想通过优惠吸引广场舞大妈，广场舞大妈想获得“优惠”才使用支付宝，有了这一个共同点，所以他们碰到一起了。

10.4.3 “品牌互补”的线

企业在选择合作企业时，不能只求效果惊人，不看其他。其实无论是哪些风马牛不相及的企业进行合作，它们都需要另一个共同点，就是能品牌互补。品牌互补的意思就是可以建立跨界合作关系的品牌，一定得是互补性关系而不是竞争性关系，这里的互补不是指功能上的互补，而是用户体验上的互补。

比如昆仑山雪山矿泉水与滴滴打车的合作。昆仑山邀请滴滴用户探秘昆仑雪山珍惜水源，希望通过滴滴打车的影响力告诉消费者自己产品的品质。而滴滴打车则希望告诉用户，它一直都以为用户打造极致出行体验为目的。它们的合作是用户体验上的互补，用户通过滴滴打车体验到了昆仑山水的魅力，通过昆仑山体验到了使用滴滴打车出行的方便，如图 10-13 所示。

其实，在移动互联网时代，没有什么不可能，没有什么是不能联系在一起的，就看你够不够大胆了！

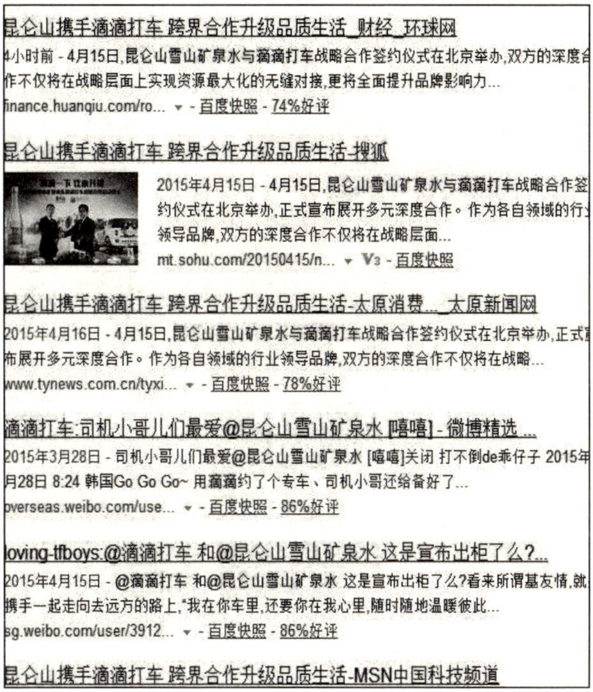
昆仑山携手滴滴打车 跨界合作升级品质生活_财经_环球网
4小时前 - 4月15日,昆仑山雪山矿泉水与滴滴打车战略合作签约仪式在北京举办,双方的深度合作不仅将在战略层面上实现资源最大化的无缝对接,更将全面提升品牌影响力...
finance.huanqiu.com/ro... - 百度快照 - 74%好评

昆仑山携手滴滴打车 跨界合作升级品质生活-搜狐
2015年4月15日 - 4月15日,昆仑山雪山矿泉水与滴滴打车战略合作签约仪式在北京举办,正式宣布展开多元深度合作。作为各自领域的行业领导品牌,双方的深度合作不仅将在战略层面...
mt.sohu.com/20150415/n... - V3 - 百度快照

昆仑山携手滴滴打车 跨界合作升级品质生活-太原消费..._太原新闻网
2015年4月16日 - 4月15日,昆仑山雪山矿泉水与滴滴打车战略合作签约仪式在北京举办,正式宣布展开多元深度合作。作为各自领域的行业领导品牌,双方的深度合作不仅将在战略...
www.tynews.com.cn/tyxi... - 百度快照 - 78%好评

滴滴打车:司机小哥儿们最爱@昆仑山雪山矿泉水 [嘻嘻] - 微博精选 ...
2015年3月28日 - 司机小哥儿们最爱@昆仑山雪山矿泉水 [嘻嘻]关闭 打不倒de乖仔子 2015年3月28日 8:24 韩国Go Go Go~ 用滴滴约了个专车、司机小哥还给备好了...
overseas.weibo.com/use... - 百度快照 - 86%好评

loving-tfboys:@滴滴打车 和@昆仑山雪山矿泉水 这是宣布出柜了么?...
2015年4月15日 - @滴滴打车 和@昆仑山雪山矿泉水 这是宣布出柜了么?看来所谓基友情,就是携手一起走向去远方的路上,"我在你车里,还要你在我心里,随时随地温暖彼此...
sg.weibo.com/user/3912... - 百度快照 - 86%好评

昆仑山携手滴滴打车 跨界合作升级品质生活-MSN中国科技频道

图 10-13 两家企业的合作引起社会广泛关注

第11章

场景挑战，寻找用户的疼痛点

移动互联网的发展其实早已不是对流量入口的争夺，而是各种各样的应用场景。在移动互联网时代，用户更需要的是一个小而美，体验极致，一个鲜活、及时，可以互动、可以心动、可以让自己迫不及待去朋友圈分享的产品应用场景。因此，企业在设计产品时要以用户场景为出发点，重视真实场景的移动化，重视用户体验，只有用户喜欢，才是能给企业带来价值的场景。

11.1 找到消费者真正的痛点清单

最近，移动互联网正在高喊一句口号："死磕用户痛点！"这是什么意思？其实就是说，如果确定一个需求点就是用户痛点，就死磕下去。虽然找到用户痛点，是PC互联网时代就已经存在的问题，但是移动互联网时代显然对此更加重视。这是为什么呢？是随移动互联网出现的"场景"的原因。企业要根据用户的痛点制造场景，这样制造出来的场景才会被用户所接受，用户才能更加融入到其中。

那么什么是用户的痛点呢？痛点按字面意思来说就是用户使用产品或服务时抱怨、不满，让人感觉到别扭、难受、不爽、痛骂等情绪的点。例如我们经常要在手机上截屏却发现找不到功能键在哪儿，这跨界需求没有被满足，所以小米就根据用户的这个痛点做了截屏快捷。吃完坚果没处可扔，方便需求没有被满足，所以三只松鼠就根据这个痛点做了坚果袋；手机一天到晚被骚扰电话打爆，电话安全软件就增加了一个拦截功能；出去吃饭不知道找哪家餐馆好，大众点评网就伴随用户这个痛点诞生了。

这就是"痛点"，是互联网企业打开场景制造成功之门的钥匙。不过根据痛点制造场景之前，首先要找到用户的痛点。

微信支付为什么能在短时间内成为支付宝最大的竞争对手？这是因为微信支付懂得找用户的痛点，制造不同的应用场景来吸引用户。现在我们就来看看互联网支付新贵是如何让有十多年历史的在线支付大佬支付宝如临大敌的吧！

11.1.1 微信支付：从争夺入口转变为制造场景

腾讯从上线微信支付开始，为了抢夺更多的用户资源，就根据用户属性设置了多种应用场景。其中最成功的应用场景为微信红包场景、线下支付场景、线上购物支付场景。

微信红包场景：说到微信支付的发展，最大的功臣就是微信红包。从2014年开始，抢红包似乎就成为我们日常生活中必做的一件事，特别是春节期间的抢红包活动，用户们更是玩得不亦乐乎。微信红包场景就是为了那些爱玩，且又想要优惠的用户设计的，这一类的用户，他们对于传统的营销方式普遍接受度不高。微信支付如果想打开市场，走传统营销路线肯定是不行的，所以一定要通过一种好玩有趣新颖的场景把用户吸引过来，而且抢红包所能得到的优惠会使用户更容易融入这个游戏。微信红包场景设置的成不成功，看看现在微信红包的火爆程度就可得知，现在已是全民抢红包的时代。如图11-1所示。

线下支付场景：在线下，现金不够成为许多人的难题。有时候用户去购买东西，却发现没有足够的现金，或者商家不够找零等，而微信支付所设置的一些线下场景完全能为用户解决这个问题。微信在线下设置的支付场景有很多，例如快的打车的线下支付，例如各大实体商店的线下支付等。

线上支付场景：线上支付场景是专门针对网购一族所设置的，电商支付场景是所有场景中最重要，也是发展最快的。电商的市场有多大，支付场景就有多大。以往提供电商在线支付的只有两种情况，一是网银，二是支付宝。网银线上支付的麻烦就不用多说了，又是U盾，又是手机验证号的，让人不胜其烦。所以网购用户选择的范围并不大。所以微信联手京东，并与唯品会、聚美优品等各大电商合作，布置更大的支付场景来满足喜欢网购的用户。如图11-2所示。

图 11-1 微信红包

11-2 微信京东商城的链接

移动互联网时代的应用场景就是要找到消费者的痛点清单，根据痛点来打造产品，那么如何才能找到消费者的痛点呢？

11.1.2 你自己的痛就是用户的痛

虽说每个人都是不同的个体，但是需求无法满足的感觉是一样的。你不爽的地方肯定也会有其他用户感到不爽，你遇到的问题其他用户也会遇到。就像骚扰电话，你对骚扰电话产生厌烦感，其他用户也会对骚扰电话产生厌烦感。所以在寻找痛点时，可以先从自身的痛点找起，根据自己的痛点设置场景，让自己满意了才有可能让用户满意。

腾讯每推出一款新品，都会先让自家员工试用，在为产品设计场景时也一样，先看自家用户都需要哪些场景，然后再去设计，设计完成之后，再让员工进行体验，根据员工指出的不满之处进行修改，直到修改到大部分的员工满意。

11.1.3 从大数据中寻找用户的痛点

寻找用户的痛点清单制造场景，大数据无疑是最好的途径。企业可以从自身拥有的数据来挖掘用户的痛点。例如音乐 App，可以通过大数据分析用户都喜欢在什么样的场景下听音乐，找到最大最多的痛点来设置场景。

QQ 音乐就是根据这一点在电台项目中设置场景的，设置的场景包括“晨光”“午后”“咖啡馆”“旅行”“瑜伽”“广场舞”“开车”等。如图 11-3 所示。这些就是 QQ 音乐用大数据分析得到的结果，用户一般在这几种场景下会需要听音乐。同时 QQ 音乐还会根据每个场景的特点来设置电台内容。如果是咖啡馆场景就会添加一些富有情调的英文歌，如《over the rainbow》《I won’t cry anymore》等；如果是广场舞则会添加《摇一摇》《妹妹的心》等。

图 11-3 QQ 音乐电台场景

总而言之，要制造场景，就要先找到用户真正的痛点，根据用户痛点制造出来的才是能让用户喜欢的场景。

11.2 把用户分属性、分场景的营销更灵活有效

移动互联网的核心就是用户，产品要围绕用户来制造，分场景的营销也一样，也需要以用户为中心。用户的行为是复杂的，作为不同的个体，每

个人都是与众不同的，所以他们对于产品的感觉，对于场景的感觉，对于营销活动的接受程度也是不一样的。有些互联网产品之所以能成功，并不在于它满足了全部用户的需求，或得到全部用户的认可，而是因为它准确定位了某一类用户并且很好地满足了那类用户的需求。所以，做营销也一样，也需要分场景。那么到底要怎样做分场景营销呢？这就需要先区分用户属性，然后再根据不同用户的属性在不用场景中做营销。

如果不区别用户属性，就不好定位场景，更无法知道哪种营销手法适合哪类场景中的用户。做好用户属性分类，可以让企业知道自己都在追求哪些用户，满足哪些用户，能影响哪些用户，可见用户属性分类对于场景营销的重要性。

可口可乐歌词瓶就是根据用户属性推出的一个产品，有别于传统的营销方式和产品制造手段，为用户打造了一个小而美的场景体验。现在我们就来看看它是如何通过用户属性分类来做分场景营销的吧！

11.2.1 可口可乐：不同用户属性，不同的营销场景

早在几年前，可口可乐就在做这方面的尝试，它根据用户的不同属性打造了不同的吸引人的消费场景，来解决用户购买快消品、使用快消品的沉闷体验，这些场景不但给用户带来全新体验，还获得了巨大的营销成功。

传统快消品作为一种产品，只是人们基本需要的满足，无论是购买，还是使用过程中，用户都没带什么感情，也没有去重视它，有些用户还会感觉到无聊沉闷。就像对可口可乐:“只是口渴了才会去买,喝完瓶身我就扔了,购买可口可乐只是一种基本的需求，产生不了多大的感情。”

为了打破传统快消品沉闷的使用体验，可口可乐打造了一个昵称和歌词瓶的个性定制场景体验。可口可乐根据大数据分析用户听歌习惯选择了多首最具人气和感情色彩的歌词，将之印在可口可乐的瓶身上，用户可根据自己的喜好购买。

针对一些喜爱流行歌曲的用户，可口可乐打造了一些热歌歌词的定制瓶场景：这些歌词大多来自当下最受欢迎的明星或单曲，如周杰伦的《听妈妈的话》、梁静茹的《勇气》、五月天的《我和我最后的倔强》等。如图 11-4 所示。

根据不同年龄阶段人群对歌曲的熟知度，可乐可口收录了不同年代的歌曲，如“70 后”喜欢的《阳光总在风雨后》、“80 后”喜欢的《隐形的翅膀》、“90 后”以及“00 后”喜欢的《时间都去哪儿了》。

根据性别属性打造的歌词应用场景，有适合女性的《因为自信所以美丽》，有适合男性的《男儿当自强》。如图 11-5 所示。

图 11-4 梁静茹《勇气》中的歌词

图 11-5 《男儿当自强》中的歌词

还有根据各种用户需要所设置的歌词场景，例如适合表白用的《被风吹过的夏天》；适合传达分手心情的《好心分手》；适合表达友情的《兄弟》。如图 11-6 所示。

图 11-6 第三瓶为《兄弟》中的歌词

根据用户属性设置的应用场景虽然不同，但他们相同的特点是充满活力和感情，解决了传统快消品只是作为一种产品的沉闷感。

从可口可乐的案例中，我们可知，每种用户属性都有适合他们的应用场景，根据他们的特点来设置将会事半功倍。

既然根据用户属性设置应用场景对营销有这么大的帮助，那么我们应该如何区分用户属性呢？可以采取两种方法：分类方法和聚类方法。

11.2.2 通过分类方法区分用户属性

分类的方法是企业先设定类别，比如将客户分为高价值用户和低价值用户，长期固定用户和短期偶然用户，或者各个年龄阶段的用户。然后确定对分类有影响的因素，将拥有相关属性的用户提取出来，最后根据设定好的类别对应放置进去。

比如淘宝，它采取分类方法区分用户属性，先设定好各个年龄段类别、各个地域类别、各个购买能力类别，通过分析后，将用户归入与之符合的类别中，最后再根据这些类别做场景营销活动。例如 20 岁年龄阶段的女性，在做场景营销时就会设置一些潮流服装、饰品。总之，就是根据不同的用户类别，做不同的场景营销。如图 11-7 所示。

图 11-7 淘宝网首页

11.2.3 通过聚类方法区分用户属性

聚类方法是一种自然类聚，在挖掘数据之前根本不知道用户可以分为哪几类，只是根据要求分为几类，将数据类聚之后，再对其进行一一分析，最后归纳出用户的相似性或者共性。

例如广发银行，在长期的金融服务中，积累下了大量的数据信息，包括用户服务历史、用户销售历史和收入、用户人口统计学资料以及生活方式等。广发银行先将这些数据收集起来，建立用户背景，再从用户背景中寻找相似性和共同性，形成具有共性的客户群体后，就可根据不同用户群体的属性打造不同的客户服务应用场景等。例如年轻一族、中等收入人群致力于线上业务场景的打造，对于中老年人则致力于线下实时服务场景的打造，对于高收入、爱投资、爱理财的人群，就为他们专门设置一对一上门服务的场景。如图 11-8 所示。

图 11-8 广发银行提供的不同服务项目

总而言之，要让自己的营销活动更加灵活有效，就要先把用户的属性进行区分，然后根据用户属性设置场景。

11.3 化身“百变女王”，HOLD 住多变的移动场景

单就移动时代的消费者场景来说，最大的变化就是购物场景更加碎片化。在时间上，用户整体化的购物时间变得越来越少，也许会在中午百无聊赖中打开手机，收藏某一件商品，然后等待晚上下班之后再进行支付。在空间上，用户也不一定会在特定的环境中完成购买，以前会在电脑前或者到实体店这种固定的场景中购买，但现在也许在等车或等电梯时，随手点击几下手机屏幕就完成了购买。在社交上，消费者更加注重朋友的推荐，有时是在朋友圈看到朋友的分享，有时是在某个网站看到网友的评价不错，便跟风购买。所以，这时企业要考虑的是，该如何应对用户这一改变。

用户消费场景的变化只是移动场景变化的一部分。移动互联网本就是一个多变的世界，所以移动场景也是时时刻刻都在发生变化，因为用户的兴

趣爱好和需求痛点是时时刻刻都在变化当中。那么企业要如何才能把握住如此多变的“它”呢？这就需要企业自己也跟着化身“百变女王”，跟着移动场景的变化而变化。

阿里巴巴在这一方面就做得非常好，它并不固守自己原有的形象，跟随着移动场景的变化化身为百变女王，时时刻刻、随时随地地吸引用户做出购买行为。现在我们就来看看阿里巴巴是如何让自己化身“百变女王”的吧！

11.3.1 阿里巴巴的百变之旅——“码上淘”

为了适应移动场景的多变，阿里巴巴推出了“码上淘”，实现手机、电视、PC、线下门店等终端的无缝对接，全方位涵盖用户的购物场景。

“码上淘”的第一期就推出了五大条形码：“商品码”“服务码”“码上店”“互动码”“媒体码”。“商品码”可直连阿里拥有的十亿级商品库，给每一件商品打上专属的码以辨明真假。“服务码”则可以为商家制定一些个性化服务，用户扫码即可享受服务。例如在一些应用场景中，网购的商品也许不再需要说明书，在上面印上二维码，用户只要用手机一扫就能看到图文并茂的使用说明书，还可在这个二维码中定制一些其他服务。“码上店”则是可以直接通过二维码连接到店铺，如图 11-9 所示，用户扫码就能逛店，商家通过“码上店”就可以实现线上网店和线下业态的结合。“互动码”则可以让商家制定一些促销活动，或者一些小游戏等，用户扫码就能参加，快速简单，方便传播，如图 11-10 所示。“媒体码”则是在报纸上印刷二维码，读者只要扫码就可享受商品的折扣购买。

图 11-9 “码上店”

图 11-10 “互动码”

“码上淘”利用二维码技术，可以全方位涵盖用户的购物场景，通过这些二维码，商家可在任何移动场景中为用户服务，通过“码上淘”用户也可在任何场景中实现消费。

阿里巴巴的“码上淘”就是根据移动场景的多变而产生的，手机淘宝、一淘、淘点点、今日淘也都是因此而出现的。

其实跟随移动场景的变化而变化，是件很容易的事，但是能不能成功就不一定了，所以有些技巧还是需要掌握的。

11.3.2 寻找选择、进入用户的场景时间线

企业做出改变来应对移动消费场景的不断改变，最难把握的恐怕就是“寻找选择”了。尤其在这个移动场景时代，人们的时间、行为越来越碎片化，用户在任何时间都能通过移动端展开社交、玩游戏、看视频。所以面对这种场景，企业就要在碎片化时间中寻找空隙，让自己无处不在，以最大的可能去激发用户的兴趣。

就像是某些企业通过打电梯广告，让用户坐电梯的时候可以看到自己的广告，从而激发出消费的欲望。电梯无疑是最好的选择，人们在坐电梯时虽然只有短短的一两分钟，甚至更短，但这一两分钟内，大多数人都会抬头

看一下身边的环境，以疏解坐电梯时的无聊感。此时，电梯墙上的广告，就是打发时间的最好选择。

11.3.3 整合线上线下资源，应对更多场景变化

要应对移动场景的多变，需要很多资源支持，所以企业要对线上线下的资源进行有效整合，并对其做出合理的规划，以便更全面、更快速地应对移动场景的变化。

味多美就是整合了自己线上线下的资源来应对用户更多的场景变化。味多美是一家传统的面包店，但也早早地开始 O2O 模式，加入了各大团购网站。在团购网站上，味多美提供了 4 种团购方式，分别为 100 元、200 元、300 元、500 元的提货卡，可叠加使用。如图 11-11 所示。用户只要在团购网上购买，就可到任意一家分店中去消费，而味多美线下实体店也会全面配合。至于为什么要推出多款提款卡，也是为了适应用户在不同场景下的需要。

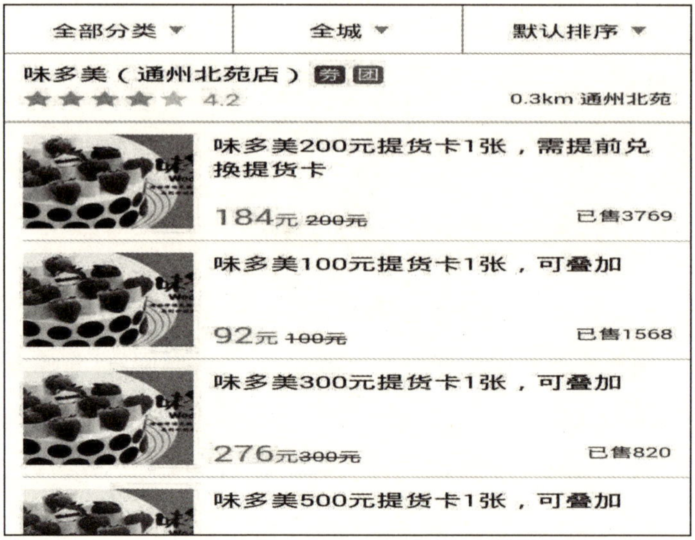

图 11-11 味多美的团购活动

总而言之，要想跟上多变的移动场景，就要自己先做出改变，让自己具备以不变应万变的能力。

11.4 以场景为出发点，送上用户喜欢的移动体验

做产品的时候，我们需要多多考虑用户的使用场景，哪些时候用户会使用哪些应用。例如工作的时候用户会使用哪些应用，约会的时候用户会使用哪些应用？睡觉前用户会使用哪些应用？锻炼的时候用户会使用哪些应用？还有用户经常在哪些地点使用，在学校？办公室？公交车地铁上？还是饭馆里？这些都是企业在设计产品时需要考虑到的用户场景，如在设计产品时没有将之考虑到进去，那么这款产品肯定得不到用户的喜欢，甚至有些用户根本就不会使用。

所以说，企业在设计产品时要充分考虑到用户的使用场景，用户在各种场景下的使用需要，以用户场景为出发点，才能送上让用户喜欢的移动体验。

小米在这一方面就做得非常好，为什么小米能成为性价比最高的手机？这单靠雷军吹牛肯定是吹不出来的，牛吹大了会破。其中很重要的一点就是小米手机提供了高于价值的移动场景体验，其设计的每一个细节都是以用户场景作为出发点。现在我们就来看看，小米是如何做出用户喜欢的移动体验的吧！

11.4.1 小米手机：设想用户场景，打造完美的细节体验

小米为了打造让用户喜欢的移动体验，设想出了无数用户场景，手机中的很多小细节、功能都是这么打造出来的，现在就以两个用户场景为例来做说明。

场景一：我和闺蜜打了个电话，约好某天在某公园见面，和对方说待会儿把某餐厅的地址发给她。挂了电话后，我开始写短信，但是在写完短信之后，还需要从一堆联系人中重新找出该闺蜜的电话，这太麻烦了。

小米针对这一场景，在产品设计时就添加了“在最近联系人列表中把最近联系过的人排在第一位”的功能。小米还设计了6个位置，分别是最近联系过的6个好友的电话。如图11-12所示。小米的这个设计，就省去了我们在重新联系某人时，还要从电话簿里查找的麻烦，同时会出现在6位最新联系人位置中的人基本上都是我们平常最经常联系的人，这为我们日常拨打电话节省了不少时间。

图11-12 小米手机的联系人功能细节

场景二：晚上下班回家，拿钥匙开门，却发现走廊里的灯全坏了，黑漆漆得看不见，也不知道哪把才是大门的钥匙。现在这年代也不可能随身带个手电筒！

小米根据这一场景在手机上设置了一个手电筒。用户只要点亮屏幕，按住Home键，也不用解锁屏幕，就能点亮手电筒。不需要了，松开Home键，手电筒就会自动关闭。虽然现在很多手机都有这个功能，但是试想一下，在黑暗的环境中，需要左手拿钥匙，也许手上还有别的东西，右手拿手机解锁、从众多应用中找到手电筒应用，是否会很麻烦。相比而言，小米就充分考虑到了这种场景下用户的不便之处。

从小米的例子我们可知道，一款好的产品能不能受到市场的认可，就看其能不能带给用户喜欢的移动体验，而要做出用户喜欢的移动体验，在设计产品时就要以用户场景为出发点。

当然，不是每个产品设计都像小米一样能给用户带来好的移动体验，这需要考虑很多问题。

11.4.2 考虑产品在每个场景中的试用性

要通过用户场景来设计产品，就一定要考虑到自己的产品是否合适各个用户场景。有些产品适合当下这个场景，但是换一个场景就不适合了，即使是同样的用户，在不同场景中的需求都是不一样的。因此，企业在设计产品时，一定要考虑到这一点。

例如中国古代的一个故事，某个南方商人想去北方卖伞，因为他觉得卖伞的人多，自己没有核心竞争力，而北方很少有人卖伞，如果能批一批货到北方卖，肯定没人和自己竞争。他的妻子却劝他说，北方卖伞的人少是因为北方很少下雨，而且北方人粗犷，即使是女子也很少像南方女子一样在有太阳时撑伞遮挡。北方不是没人卖伞，而是没有市场，没有人需要，自然就没有人卖，你去了也一样。男子听完妻子的分析后，就打消了去北方卖伞的念头。

11.4.3 要把握好各场景下用户需求的方向

有些企业把握到了用户场景的真实需求，但是却搞错了方向，以至于设计出来的产品与用户所需要的相背离。那么这样的产品也是无法带给用户好的用户体验的，所以企业在设计产品时一定要把握好方向，不要跑偏了。

就像市场上专门为新概念英语设计的手机 App，它确实把握到了用户的需求，但是在制作这款产品时却没有把握住方向。新概念用户除了想要了解更多的单词，也更需要对课文内容更深入的了解。但是新概念英语手机 App 的制作者却明显没有把握到这一点，推出的很多项目都是无用的。例如背单词项目，简单、少量的单词对用户起不了多大的作用。所以这款软件的用户并不多。如图 11-13 所示。

图 11-13 省心工作室推出的新概念英语手机 App

要想给用户带来好的移动体验，在设计产品时就要认真设想用户使用产品时的场景，在设计的时候多去考虑用户使用产品时的时间、环境甚至用户在使用产品时所可能有的情绪。根据这些场景来设计产品，才能让用户喜欢。

11.5 针对平板场景开发“沉浸式体验”模式

这个时代是平板的时代，很多移动设备都往平板方向发展，先不说最有代表性的平板电脑，就连我们日常所用到的手机，都在往平板方向发展。从小屏幕到大屏幕，从大屏幕到无边框屏幕，无不在追求手机平板化。所以平板场景成为了企业设计产品或者提供服务时一条最重要的参考标准。

使用平板的人很多，那么如何才能让他们在这一平板场景中爱上自己的产品呢？其实利用“沉浸式体验”模式来设计产品是非常不错的。沉浸式体验指的就是让用户全心全意沉浸到你的产品或者服务中，整个流程完整流畅，能让用户在酷爽的感觉中完成体验，这种体验对产品使用的各个环节应该是无感的，引导无感、操作无感、结束无感。用户的注意力，始终沉浸在对产品的感受当中，不会被其他环节割裂、干扰。

腾讯 QQ 的界面就一直在往平板场景方面做出改变，配合现在的手机屏幕、液晶电脑、平板电脑的屏幕打造出能让用户沉浸其中的界面。现在我们就来看看，腾讯 QQ 是如何通过全屏页面打造沉浸式体验的吧！

11.5.1 腾讯 QQ 界面的沉浸式体验

腾讯 QQ 的界面自发布以来，经历了无数次重大的变化。如 QQ 2003 面板就从单色变成色彩，加入主面板左侧的标签页，这样的布局显然是模仿 MSN 。这个页面让用户产生一种很别扭的感觉，在使用时很容易跳脱出来。经历了数次改变，到 2011 年版才有所进步，这一版本采用了玻璃效果面板，可用电脑上任意图片作为背景。到了 2012 年，更引入多标签页聊天窗口，让用户在聊天过程中可以更加随意切换，这个畅爽的多标签页聊天窗口一直保留着。在 TM 2013 年的预览版和 QQ Mac 上，QQ 将联系人和聊天窗口合二为一，在整个平板屏幕上显示。因为聊天界面的扩大，使得界面能够承载更多的内容，甚至可以将右侧窗口演变为一个浏览器。如图 11-14 所示。在使用这个模式时，用户就不会将其作为一个缩小的窗口放在屏幕的某个角落。用户习惯将窗口放大。而这种全屏式的体验有助于用户在聊天时处于一种完全沉浸的状态。

图 11-14 QQ 聊天界面

QQ 这种全屏的设计，可以让用户完全沉浸在工作或是聊天过程中，不会被桌面上各种各样的聊天窗口和不停闪烁的提示所打断。

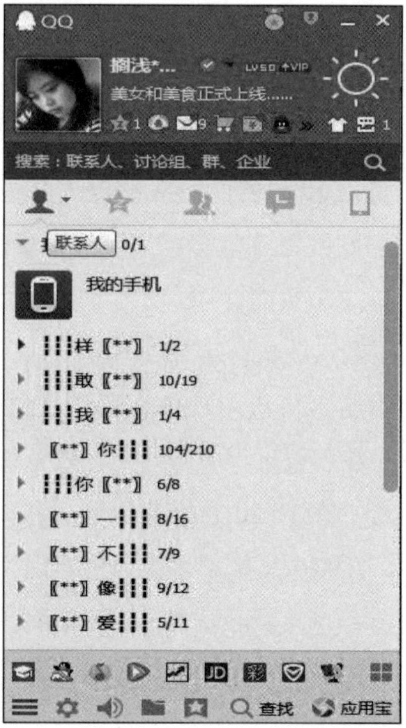

图 11-15 腾讯 QQ 最新版界面

通过平板场景，打造这种沉浸式的使用环境，让用户的兴趣和注意力都能沉浸在体验上，弱化一些不必要的环节，剪掉一些让人“跳戏”的弊病，让用户自始至终都能沉浸在其中。这样既能为企业塑造口碑，更能触动用户的情感，提高好评度，也大大提高产品的使用率。如图 11-15 所示。

既然打造沉浸式体验如此重要，那么在打造时都有哪些地方需要注意的呢？有什么技巧呢？

11.5.2 让用户享受加载的过程，并增强视觉的真实感

当用户在手机或者平板上打开一个应用时，最烦的就是加载。这也是最让用户无法沉浸其中的一个原因。那么企业在设计应用时，就要优化加载过程，或者提前显示部分信息，又或者做个合适的加载动画效果，让用户更有耐心等待加载过程。

将真实世界中的元素投影到应用界面上对于快速建立起用户和应用之间的联系，增强互动性是非常有帮助的。同时现在的电子屏幕都有横屏和竖屏的变化，可以让应用展示出不同的效果。你无法替用户决定使用哪种模式，所以在设计时，无论如何旋转，都要做到全方位的舒适。

比如猫眼电影手机 App，用户一打开进去就有一个非常有趣的动画加载过程，其动画人物的设计，文字的使用，以及整个画面所表达出来的意境，都能让用户减少加载时的烦躁感。

11.5.3 操作的连贯性，清晰的导航逻辑

在设计一些应用产品时，要注意这些软件上的操作是不是连贯统一，如果不是，就很难让用户获得沉浸式体验。例如一些游戏 App，游戏开始时设置了一连串功能操作讲解，先不说用户会不会记住它，用户们看不看还是个问题。所以在任务进行中，给予一些连贯性的指导，这对于用户专注于游戏是非常有帮助的。

同时，清晰的导航逻辑也是很重要的。当用户无意中触发某个键，进入到新页面时，第一反应就是我该如何返回，然而很多应用都忽略了这一功能——返回。事实上，很多平板应用都丢失了 Web 的一些功能。Web 端中用户可以轻松找到前进、后退的按钮，所以在设计平板应用时，也应保持这一优良传统。

百度魔图在这一点做得就不是很好，当用户修改完一张图片之后，点

击保存分享，如图 11-16 所示，想要继续修改下一张图片，却需要重新返回图库重新选择图片，如图 11-17 所示，这让很多用户觉得无法沉浸其中。

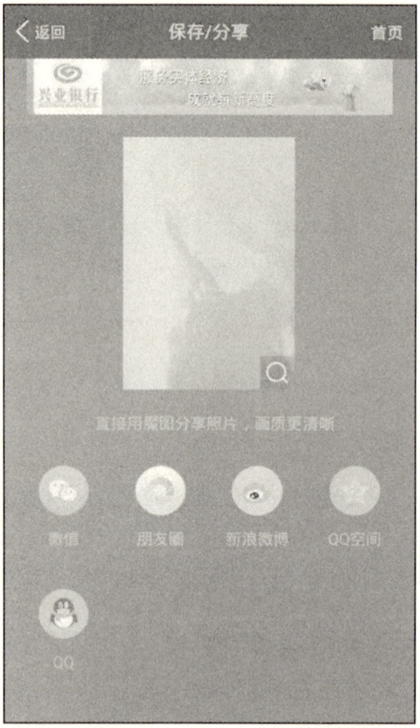

图 11-16 百度魔图分享功能

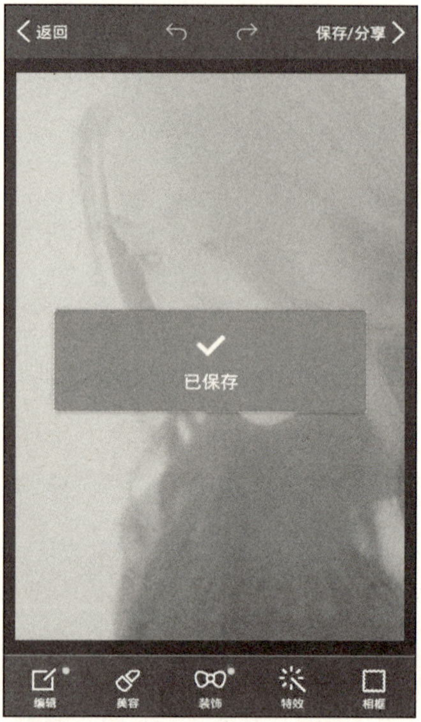

图 11-17 百度魔图返回功能

总而言之，平板大屏幕已是未来智能终端发展的大趋势，所以企业要针对平板场景开发出一些能让用户完全沉浸在其中的应用，只要有一点没做到位，就会让用户不满，严重点的话用户会直接放弃购买。